1

Mathilda Sebertz

Mutausbrüche mit Brustkrebs

ANDERSWIE & IRGENDWO

sagt die Hoffnung sagt der Sinn

versuch's flüstert der Verstand

1. Auflage 2018

Impressum

Die Autorin

Mathilda Sebertz 1965 in Trier geboren, aufgewachsen in einem Vorort der Stadt, verheiratet und Mutter zweier Töchter. Mitten in ihrer Selbstständigkeit als Friseurmeisterin ertastete sie mit 41 Jahren einen Knoten in ihrer Brust. Ihre Existenz hatte sie dadurch verloren, doch das überleben hat sie geschafft. Vor einigen Jahren begab sie sich wieder in die Selbstständigkeit im Friseurhandwerk. Sie lebt mit ihrer Familie in einem Stadtteil von Trier.

Das Buch

Am Anfang stand für sie diese lähmende Angst mit dieser plötzlichen Diagnose Brustkrebs umgehen zu müssen. Dabei entschied sie sich im Laufe der Zeit aus eigener Kraft ihre Grenzen zu überschreiten und gleichzeitig mit der immerwährenden Unterstützung aus ihrem nahem Umfeld ihren Mut zu schöpfen.
Sie hat es geschafft, den Brustkrebs zu besiegen.

Ihr Buch „Mutausbrüche mit Brustkrebs" beinhaltet persönliche Erfahrungsberichte, in welchen sie eindrucksvoll beschreibt, wie sie während dieser Zeit ihrer Brustkrebserkrankun,g in viele Situationen einen Grundlage für ihren Kampfgeist geschaffen hat.

Dabei setzt sie aber auch Impulse zwischen die einzelnen Kapitel mit ihren Geschichten zum nachdenken. Diese kurzen Nachdenkgeschichten zeigen dabei andere Situationen im Leben auf und können die Leserin oder den Leser plötzlich auffordern, die Sinnhaftigkeit zu verstehen, die aus jeder Geschichte hervortreten kann.

Inhalt

Nachdenkgeschichten

Vorwort

Als ich dieses Buch anfing zu schreiben, wanderten meine Grundgedanken, was ich dem Leser mitteilen möchte, in eine ganz bestimmte Richtung. Meine Leidenszeit zu umschreiben war das eine Thema. Situationen, die sich auch währenddessen genau so ereigneten, manche für mich sehr außergewöhnliche, das andere. Dabei konnte ich auch durch zahlreiche Begegnungen während meiner Krebserkrankung erfahren, welche ungeahnte Energie ich daraus schöpfen konnte. Im Laufe der Zeit stellte ich fest, was man selbst und in der Zukunft mit einer veränderten Lebensweise erreichen kann. Warum sollte ich dem Leser nicht mitteilen, egal ob krank oder nicht, dass, wenn man genau hinschaut, man für sich selbst das finden kann, was in einer bestimmten Lebenssituation eine Stütze bieten kann, was man zuvor nicht sah. Natürlich ist dies kein Garant für ein langes, glückliches Leben aber es kann eine bessere Lebensqualität enthalten.

Ich erkannte in der Anfangszeit meiner Diagnose Brustkrebs: entweder versuche ich irgendwie meine Krebserkrankung einfach zu ignorieren, aber das wurde direkt im Versuch im Keim meiner Gedanken erstickt. Oder ich schaue direkt hinein in meine leidvolle Zeit, um sie zu durchdringen mit einer neuen Erfahrung von Achtsamkeit. Sie bezeugt doch im Grunde genommen auf das, was gerade in dem Jetzt vorgeht, zu reagieren. Diese genaue Betrachtung auf das eigene Leben, was so kostbar und doch nur von kurzer Dauer sein kann wenn die Diagnose Krebs eintritt, ergibt so plötzlich eine unvorstellbare sensible Ausnahmesituation im Hier und Jetzt.

Meine bisherige Achtsamkeit im Leben, die vor der Krebsdiagnose in meinem Leben bestand, wurde im Laufe der Zeit, als überhaupt nicht ausreichend, ja sogar im Laufe der damaligen Krebstherapie, als abwertend von mir wahrgenommen.

Durch meine damalige innere Einstellung und die vielen Begegnungen mit betroffenen Frauen hörte ich immer wieder heraus, dass wir alle nur nach dem Grund dieser lebensbedrohenden Erkrankung suchten. Manche verharrten auf der Suche nach den Gründen ihrer Brustkrebserkrankung regelrecht wie in einer Gefangenschaft. Wäre es nicht besser ein Bestreben nach Kraft zu finden, und sei sie noch so minimal, um einer Leidenszeit anders zu begegnen?

Ich beobachtete, hörte zu und stellte damals fest, dass uns diese Krebserkrankung schleichend einen anderen Blickwinkel auf das kostbare Leben eröffnet hatte. Dabei hielten mir viele Empfindungen mit der Erkrankung Brustkrebs Situationen bereit, die mich regelrecht dazu aufforderten, anders beurteilt zu werden. Immer wieder stellte ich für mich selbst fest, wie wichtig es ist, eine Sichtweise aufzuzeigen die dabei helfen kann, die Krankheit auch aus einer anderen Perspektive zu betrachten.

Egal wie unsensibel für mich manche Äußerungen in dieser Zeit wirkten, die ich total als unangemessen gegenüber meiner neuen, für mich zugleich unfassbaren Lebenssituation empfand. Ich lernte auch daraus. Es entstand im Laufe der Zeit eine tiefgreifende Art der Formulierung.

Das miteinander reden über Ängste und Sorgen, aber auch über eigene Bedürfnisse und Wünsche, bis zu den unweigerlichen Grenzen von Entscheidungen, die einen aufforderten zum tiefen Innehalten und Reflektieren, funktionierte.

Bei Krebs ist alles anders. Es gibt keine Helden, die einem diese riesigen, mächtigen Felsbrocken aus dem Lebensweg räumen können. Auch keine Zeilen, die Wunder bewirken beim Lesen, weil sie gefüllt sind mit einem exakt passenden Überlebensrezept, um ganz locker eine Brustkrebserkrankung zu überstehen.

Oder fernab eines Buches, die gutgemeinten Sprüche der Mitmenschen, die bestimmt stützend gemeint sind, aber in dieser plötzlich bedrohenden Zeit im Leben einem total oberflächlich erscheinen können. Sätze wie: „Du schaffst das schon, du musst kämpfen" oder „Krebs bekommen nur die, die es auch verkraften können" oder, oder… möchten sie dir als gutgemeinte Hilfe mitgeben auf deinen zukünftigen Weg mit Krebs.

Das Wort Schicksal, was aus dem griechischen stammt und „Anteil" oder „Zugeteiltes" bedeutet, stürzte 2006 auf mich ein, als mir in der Klinik in Trier nach zahlreichen Untersuchungen schließlich mitgeteilt wurde, ich sei an Brustkrebs erkrankt. Damals, kurz nach meinem 41. Geburtstag, ertastete ich zufällig unter der Dusche eine kleine Verhärtung in meiner rechten Brust nahe der Mamille. Ich begab mich trotz einer körperlichen hervorragenden Verfassung, aber wegen einer plötzlich sehr starken Unsicherheit wegen dieses sehr kleinen ertasteten Knotens in meiner Brust, in eine wahnsinnige Odyssee von Untersuchungen, um am Ende die Worte zu erhalten, die für mich auf einmal eine niederschmetternde Zukunftsprognose prophezeiten: Lebensgefahr! Krebs! Brustkrebs!

Es änderte sich plötzlich alles, was sich sonst in meinem Leben ereignen sollte, meine Ziele, diese doch Selbstverständlichen, wurden mir mit einem Schlag geraubt. All diese schönen Dinge im Leben hatten plötzlich keinen Sinn mehr. Urlaub demnächst planen oder einfach nur Bekleidung in der Stadt kaufen, mein Sport im Verein. Warum das alles, wenn ich ab jetzt sowieso zu den Glücklosen gehöre, in deren Reihe ich mich stellen muss, um jetzt an einem bestimmten Tag auf eine festgelegte Weise sterben zu müssen. Meine Vorstellung von einem glücklichen und zufriedenen Leben hatte plötzlich nur noch mein Krebs in der Hand.

Natürlich war mir bewusst, dass es im Leben nicht immer nur geradeaus geht, aber hier kam etwas vollkommen Unvorstellbares auf mich zu. In keinster Weise war es mir möglich gewesen, irgendeine akzeptable Lösung zu finden wie bei den alltäglichen Problemen, denen ich mich im bisherigem Leben stellen musste. Man bekommt plötzlich ein Gefühl für die Wichtigkeit der Dinge im Leben. Bedeutsame Augenblicke erhalten eine Tiefe, obgleich die Situationen auf den ersten Blick keine große Rolle spielen. Dabei steht doch das eigene Leben plötzlich an einer Klippe, der Körper neigt sich zum Abgrund hin. Die eigene Kraft reicht nicht aus, um diesen gefährlichen Ort zu verlassen. Ein immerwährendes Gefühl von Angstgedanken, dass einer starken Windböe gleicht, die sich nur eine „kurze Verzögerungen des eigenen Lebens" nennt, wird in absehbarer Zeit eintreten und mich von der Klippe stürzen.

Man hadert mit sich, mit seinem Schicksal. Es war doch immer alles so weit weg, wenn man von einer schlimmen Erkrankung hörte. Dabei hatte ich nie daran gedacht, dass es mich selbst treffen könnte. Es ist doch immer ein gewisser Selbstschutz zu denken „Mich wird eine schwere Erkrankung wie dieser Krebs nicht treffen". Aber diese Denkweise gab mir keine Sicherheit, das musste ich im Nachhinein als Naivität sehr schnell beiseite schieben. Dabei sind diese Fähigkeiten von positiven Denkmustern in uns verankert. Das ergibt auch einen Sinn, denn sonst würden wir alle nur an einer Klippe stehen und auf eine Windböe warten.

In dieser Welt gibt es wahnsinnig viele Schicksale, jede Situation, jedes Ereignis, egal wie schlimm das Schicksal zugeschlagen hat und sich plötzlich in den Vordergrund der einzelnen Betroffenen wirft, setzt eine Begegnung mit sich voraus, um in der Zukunft verschiedene Veränderungen im Leben beginnen zu müssen.

Im Laufe der vielen lebensbedrohenden Monate meiner Krebserkrankung versuchte ich auch immer wieder einen festen Halt irgendwo zu finden, auch im christlichen Glauben.

Meine Hoffnung, dass diese Zeit von einem Leben nach meiner Diagnose Krebs wiederkommen wird, versuchte ich immer und immer wieder in mir zu wecken. Halt finden, überall Ansatzpunkte suchen, die außerhalb greifbar vor mir liegen, damit ich eine, wenn auch noch so minimalistische, verträgliche Zukunftsprognose für mich im Laufe der Zeit irgendwie gestalten kann. Immer vereint im Wechselspiel von unbegreiflich lähmender Angst und einer plötzlichen Ohnmacht, dieser Krankheit machtlos ausgeliefert zu sein. Aber trotzdem begann ich mich immer wieder zu fordern, einen für mich lebenserhaltenden Kampfgeist zu finden.

Dabei ergab sich aus meiner Krebserkrankung im Laufe der Zeit ein sehr sensibler Zugang zu meinem Inneren, der eigenen inneren Sprache, wenn auch bei kurzer Betrachtung auf mein Temperament, ein für mich sehr langsames Voranschreiten, um für mich eine kämpferische, nährende, kräftigende und beruhigende oder auch eine ermutigende Situation, egal wie winzig sie mir doch damals vorkam, zu erkennen.

Ein sehr langer Prozess, der nichts mit Können oder erreichen müssen zu tun hat, sondern Annehmen bis zum Akzeptieren. Das musste ich mit sehr viel Geduld lernen.

Darum geht es auch in meinen Kapiteln. Diese Ereignisse, die ich im Laufe der vielen Begegnungen während meiner Erkrankung erlebt habe. Eine neue Sichtweise, der andere Blickwinkel, die durch meine Krebserkrankung entstandenen überraschenden Momente, die mir durchaus des Öfteren eine mir völlig unbekannte Willensstärke gaben, um auch weiter zu kämpfen.

Meine Geschichten zum Nachdenken zwischen den Kapiteln haben in keinster Weise einen Bezug zu meiner damaligen Erkrankung Brustkrebs. Es handelt sich um die reinen Projektionen meiner Gedanken, Fantasie, die sich als Geschichten zum Nachdenken zwischen den einzelnen Kapiteln befinden. Mit Zeit und Muße eine Situation in einer Geschichte betrachten, die auf einmal auch manches anders durchscheinen lässt, was doch zuvor im Grunde genommen hinter dem Vordergründigem offensichtlichem oder auch einfachem lag. Man kann in seinen Überlegungen noch tiefer graben, wenn man die innere Ruhe dazu findet. Vielleicht ergibt sich dann ein tieferer Sinn, um eine andere Erkenntnis zu sehen.

Geschichten können aber auch zum Nachdenken auffordern – lassen dabei aber auch einen gewissen Spielraum in den eigenen Gedanken und können dabei mitunter herausfordern.

In allen Begebenheiten von täglichen Situationen verbirgt sich doch meist eine Geschichte und manche davon bleibt dabei für einen einprägsam und prägnant.

Oder auch ein Schritt, eine Begegnung plötzlich mit anderen Augen sehen zu können. Gewiss, es gelingt nicht immer. Aber schon alleine sich auf diese Form einer außergewöhnlichen Reise seiner Gedanken zu begeben, kann etwas faszinierendes, beruhigendes beinhalten.

Kapitel 1

Die Diagnose

Mein Herz konnte ich bis zum Hals schlagen hören, als ich nur noch die erschreckenden Worte herausbekam „Nein, das kann doch nicht sein". Es schoss mir durch den Kopf, sie hätten im Labor meine Gewebeprobe von der Stanzbiopsie vertauscht oder irgendetwas anderes wurde aus Versehen unter meinem Namen notiert. Der Professor saß mir in seinem Sprechzimmer gegenüber, schaute mich an und sagte: „Es steht leider außer Frage, ihre Untersuchungen haben mit hundertprozentiger Gewissheit ergeben, dass es Brustkrebs ist." Dabei schaute er wieder auf den Monitor seines PCs auf seinem Schreibtisch. Er fing an, mir irgendetwas fachlich zu erklären. „Alle Auswertungen von ihnen liegen mir jetzt vor", sagte er monoton in seiner Stimmlage weiter, starrte dabei einige Male wieder auf den Bildschirm. Mit seiner rechten Hand bediente er seine PC-Maus und erklärte mir Weiteres.

Ich hatte auf einmal keine Möglichkeit mehr, seinen Worten zu folgen. Ich war schon längst aus dem Sprechzimmer gelaufen, weg, weit weg, nur weg hier. Vielleicht hätte ich nicht bei der Anamnese in dieser Klinik allen genau mitteilen sollen, dass Brustkrebs bei uns in der Familie vorliegt. Vielleicht war doch nur der unglückliche Sturz von der Trittleiter vor ein paar Wochen beim Renovieren zu Hause, auf die Kante vom Tisch, auf die ich aufprallte, Schuld an dieser kleinen Verhärtung in meiner Brust. Das hatte ich mir doch die ganze Zeit eingeredet. Alle hatten doch zu mir gesagt, „Du wirst sehen, da ist nichts, lass dich doch nicht durch diese vielen Untersuchungen in der Klinik verrückt machen". Das hätte ich vielleicht nicht sagen sollen, Brustkrebs in der Familie. Wissen die überhaupt von mir, dass ich von dieser Leiter gestürzt war? Wann hatte ich meine erste Periode? Wie alt war ich, als ich mein erstes Kind bekam, wann das zweite? Ob gestillt, wie lange überhaupt gestillt, haben sie auch beide Töchter gestillt? Erkrankungen in der Familie? Meine Körpergröße? Mein Gewicht? Raucher? Alkohol?

Alles wollten sie in der Klinik zum damaligen Zeitpunkt von mir wissen. Aber nicht, ob ich auch vor kurzem unglücklich stürzte und mir dabei die Luft wegblieb, weil der Sturz auf meinen Brustkorb so stark war. Danach hatte ich doch erst unter der Dusche ertastet oder war es doch davor? Ich wusste auf einmal nicht mehr, wann ich diesen Sturz hatte.

Letzten Monat, letzte Woche, nein, das kann auch nicht sein, es war doch irgendwann bei mir zuhause. Ich konnte den genauen Zeitpunkt vom Sturz von dieser Trittleiter überhaupt nicht mehr zeitlich bestimmen.

Irgendwie hatte ich meine Jacke an, stand in dem kleinen Vorzimmer des Sprechzimmers vom Professor und bekam den ersten Kontakt mit einem anderen, außergewöhnlichen Blick von einer Frau, wenn man gerade als Patientin die Diagnose Brustkrebs erhalten hat. Es war die Sekretärin des Professors. Dabei war ihre Stimme so zart und einfühlsam, ich wollte am liebsten in ihre Arme fallen und anfangen zu weinen. Sie gab mir einen Zettel mit einem neuen Termin, fragte mich zuvor nach einem gewissen Datum, ob ich dann wieder hier sein könnte. Ohne zu überlegen, sagte ich einfach nur ja. Das kann nicht sein, ich fühle mich so fit, gar nichts schlimmes fühle ich, überhaupt keinen Schmerz irgendwo. Was ist das hier? Ich verlor plötzlich den Halt unter meinen Füßen. Noch bevor ich überhaupt den Ausgang der Klinik verlassen konnte, musste ich mich auf eine der Wartebänke im Eingangsbereich setzen. Weinen wollte ich, loslaufen wollte ich, aber wohin? Ja, ich hatte schon zuvor einen Anruf aus der Klinik erhalten, dass es sich um Brustkrebs handeln würde, aber ich hoffte immer noch bis heute, bis zu diesem Gespräch mit dem Professor, vor wenigen Minuten, dass sich alles als nichtig herausstellen würde.

Bis heute habe ich es überhaupt nicht mehr im Gedächtnis, wie ich mit meinem Fahrrad anschließend, in die wenige Meter entfernte Innenstadt kam. Dort irrte ich, mit meinem Fahrrad schiebend, durch die Einkaufsstraßen von Trier, sah viele Menschen nur hektisch mit Einkaufstüten umherlaufen, schreiende Kinder an der Hand ihrer jungen gestressten Mütter. Leute, die sich mit ihren Hunden an der Leine durch die Menschenmassen in Seitenstraßen schlängelten. Personen, die sich herzlich begrüßten, weil sie sich genau zu diesem Zeitpunkt auf meiner Augenhöhe zufällig trafen.

Ich traf niemanden, ich wollte auch niemanden treffen. Zu sehr war ich in mir gefangen, mit der einzigen Frage, wohin ich jetzt nach dieser niederschmetternden Diagnose gehen sollte. Zuhause war niemand, ein Handy besaß ich nicht, telefonieren an einer Telefonzelle, die es immerhin noch 2006 in der Innenstadt von Trier sehr oft gab, konnte ich jetzt nicht. Ich konnte nicht meinen Mann anrufen um ihm zu sagen „Wir haben uns alle geirrt, es ist doch Brustkrebs". Meine Mutter konnte ich auch nicht anrufen. Sie würden bestimmt auf eine Nachricht von mir schon lange warten. „Nein, dafür brauchst du dir nicht extra einen

Urlaubstag nehmen. Mama, dafür musst du nicht extra nach Trier kommen, wenn ich ein kurzes Gespräch mit dem Professor in der Klinik habe", hatte ich meinem Mann und meiner Mutter noch felsenfest zugesichert. „Natürlich melde ich mich sofort, wenn ich zuhause bin", hatte ich ihnen doch zuvor versprochen. Aber ich konnte es jetzt einfach nicht, nach Hause fahren, mit meinem Rad, um allen meine Krebsdiagnose mitzuteilen.

Mein Fahrrad stellte ich an eine Häuserfront neben einem kleinen Büchergeschäft ab. Die Tür stand offen, ich betrat das Geschäft. Dabei fühlten sich meine Schritte an, als ob ich mich wie über eine riesige Schwelle bewegen würde. „Kann ich ihnen behilflich sein", sprach mich mit überaus freundlichen Worten eine etwas ältere Buchverkäuferin an, als ich kaum die ersten Ablagen von Büchern sah. „Ja, bitte", sprach ich zu dieser Verkäuferin. „Was suchen sie denn, haben sie eine bestimmte Vorstellung wonach sie suchen, ein bestimmtes Buch?", fragte sie freundlich nach. Wie sollte ich ihr jetzt erklären, was ich suchte? Was suchte ich hier überhaupt? Ich wollte gerade Hilfe in einem Büchergeschäft erhalten durch den Kauf eines Buches. „Ich suche...", „Ja?", fragte diese ältere Verkäuferin freundlich nach. „Ich suche ein Buch über Brustkrebs." Es war für mich gerade das erste

Mal, dass ich überhaupt dieses Wort, was doch gar nicht in meinem Körper an irgendeiner Stelle schmerzen verursachte, in der Innenstadt aussprach. Dabei wechselte die Verkäuferin plötzlich ihren überaus freundlichen Ausdruck in ihren Gesichtszügen und sie nahmen für mich ganz schnell einen erschreckten Ausdruck an. Leise wurde sie, nachdenklich schaute sie mich auf einmal mit ganz anderen Augen an.

„Meinen sie ein bestimmtes Buch?", fragte sie mich. „Nein", antwortete ich ihr. „Das Buch ist für mich. Ich habe gerade eben erfahren, dass ich das habe", sprach ich zu ihr, leise und voller Angst in meiner Stimme.

Ich ging mit ihr, ohne auch ein einziges Wort zu wechseln, ein paar Schritte weiter zu einer Ausstellungsfläche, über der ein großes Schild „Neuerscheinungen" hing. „Ich habe leider momentan nur dieses einzige Buch vorrätig, geschrieben von einer jungen Frau, die ihre letzten Monate mit ihrer Diagnose Brustkrebs darin genau beschreibt, bevor sie stirbt, aber das trifft auf sie nicht zu."

Ich hatte das Gefühl, dass sie mir dieses Buch auf keinen Fall verkaufen wollte. Kurze Zeit später verließ ich diese kleine Buchhandlung in der Innenstadt ohne auch ein einziges Buch käuflich erworben zu haben. Ich dachte aber erst als ich unterwegs war an die Worte dieser älteren Verkäuferin, die in ganz ruhiger Stimme zu mir sagte, das würde auf mich nicht zutreffen, sie meinte meine heutige mitgeteilte Diagnose Brustkrebs, an diesem Krebs, an dem ich nicht sterben würde. Aber woher wollte sie das denn überhaupt wissen? Zuhause brach ich in Weinkrämpfe zusammen.

Nachdenkgeschichte 1

Die Farbe Grün

An einem schönen sonnigen Frühlingstag bekam ein junger Pfarrer entgegen seiner sonstigen Gewohnheit, das innere Verlangen, einen Waldspaziergang zu unternehmen. Er setzte sich in sein Fahrzeug, damit ihn niemand bei seiner Unternehmung beobachten würde und fuhr alleine einige Kilometer in einen nahegelegenen Wald.

Er genoss die Natur und freute sich über diesen heutigen ersten Frühlingstag den es in diesem Jahr gab. Betrachtete dabei genau die Vegetation, die ihm auf seinem Spazierpfad begegnete. Diese wunderschönen erwachenden Knospen, die von den Sonnenstrahlen dazu die Kraft erhielten. Er lauschte den zwitschernden Vögeln in den Bäumen und zur Krönung dieser Stimmung läuteten aus der Ferne die Kirchenglocken. Ein Gefühl von Friede und Glückseligkeit zog in seine Seele ein.

Als er zu einer Lichtung kam, ließ er sich auf einer Bank nieder und begann in seinem Mitgebrachten Buch zu lesen. Es war nicht eines dieser Bücher, die sich nur ausschließlich um seine Religion drehten. Auch nicht eines, was im entferntesten Gedanken mit seinem Beruf als Pfarrer zu tun hatte. Er erhielt dieses Buch beim letzten Besuch in seiner Heimat, als er vor kurzem seine Schwester besuchte, eine bekannte Kinesiologin. Sie schenkte ihm dieses Buch mit den Worten: „Es kann dich bereichern!"

Als er in diesem Buch das erste Kapitel „Die Auswirkungen der Farben in der Kinesiologie" aufschlug, las er zu seinem Erstaunen, welche Wirkung die Farbe grün ausstrahlen soll. Sie wirke positiv und auch stärkend. Eine Farbe der Heilung. Die Farbe der Natur; so wie sie im Frühling erwacht, steht auch diese Farbe grün für den Neubeginn.
Ein ganz neuer Glaubensansatz kam in seinen Gedanken auf. Hatte er nicht schon in seinem Studium der Theologie immer wieder nach anderen Antworten in seiner Religion gesucht? Jetzt fand er sie, nach vielen Jahren als Pfarrer, in diesem außergewöhnlichen Buch, das ihm seine Schwester schenkte.
Als er wieder im Pfarrhaus ankam, spürte er sofort, dass sich riesige Gewitterwolken über ihn Zusammenballten. An einem Seitenbereich vom Pfarrhaus, dort wo sich die Eingangstür zu seiner Wohnung befand, stand eine Gruppe von dunkel gekleideten Menschen. Es waren die Mitglieder seiner Gemeinde in der er erst

seit kurzem Pfarrer war. Untereinander diskutierten sie heftig und laut, und als der junge Pfarrer näher zu ihnen trat, verstummten sie schlagartig.

Was war überhaupt geschehen in der Zeit, als er ausnahmsweise einmal heute weg war? Ein älterer Herr machte einen Schritt zu ihm und sprach in vorwurfsvoller Stimme: „Sie haben heute die Beerdigung vergessen! Die Kirchturmglocken haben geläutet, die große Trauergemeinschaft wartete lange in der Kirche auf sie. Der Organist, die Messdiener, niemand wusste wo sie sich aufhielten. Wir mussten der Gemeinschaft mitteilen, dass kein Trauergottesdienst heute möglich sei. Alle gingen nach Hause und die Urne befindet sich immer noch in der Kirche."

Für den jungen Pfarrer brach plötzlich eine Welt zusammen. Dass ihm dies passieren musste, er, der nie ein Handy besitzen wollte, um immer erreichbar zu sein. Weil er doch seine Termine alle und sofort genau in seinen Wandkalender eintrug, um sie dann auch anschließend pünktlich und gewissenhaft auszuführen. Nun hatte er heute diesen doch sehr wichtigen Termin für diese Beisetzung vergessen, grauenhaft, dass ihm so etwas überhaupt passieren konnte. Er war in seiner Gemeinde jetzt bloßgestellt, sein bisheriger guter Ruf eines pünktlichen und zuverlässigen

26

Pfarrers war dahin. Traurig und voller Selbstzweifel ging er in seine Wohnung, er wollte niemanden sehen. Erst gegen Abend, als es schon dunkel war, kamen ihm die Gedanken aus dem Buch, das er heute gelesen hatte. Dieses Kapitel über die Wirkung der Farben in der Kinesologie, diese Farbe grün.

Ab dem darauffolgenden Tag gab es für die Zukunft in dieser Gemeinde einen Pfarrer, dem man nur noch in grüner Bekleidung begegnete.

Kapitel 2

Der Chemoschlafanzug

Einige Wochen sind bisher vergangen, meine Operation an der Brust wurde so durchgeführt, dass sie mir erhalten blieb.

Der Aufenthalt in der Klinik in Trier für eine Chemotherapie war es, der mir jetzt bald bevorstand.

Unterhalb meines linken Schlüsselbeins war der Port schon implantiert. Ich wartete zuhause auf den Anruf, wann der Termin für den ersten stationären Aufenthalt der Chemotherapie beginnen sollte.

Die Entfernung des Tumors in der Brust mit einer brusterhaltenden Operation, ambulante Port-OP, sechs Zyklen einer Chemotherapie, Bestrahlungen und noch eine darauffolgende Hormontherapie waren die anderen Worte, die mich in meiner Zukunft jetzt treffen sollten. Ich hatte bisher nur einen winzigen Bruchteil meiner Krebsbehandlung überstanden, so viel Leid auf der Station in der Klinik gesehen.

Manchmal wünschte ich mir, sie könnten mich in einen Tiefschlaf versetzen. Ich würde dann zu einem späteren Zeitpunkt aufgewachen und anschließend äußern sie den Satz: „Sie haben ihre Krebstherapie sehr gut überstanden." Woher sollte ich diese Kraft nehmen, das alles zu überstehen?

In regelmäßigen Abständen werde ich während der Chemotherapie immer wieder eine Nacht in der Klinik verbringen. Dieser Giftcocktail von Chemo wird über den Zugang „Port" in meinen Körper fließen. Dieser Port, der sich unter meiner Haut anfühlt wie eine kleine Kiste, soll diesen Anschluss bilden für die Chemotherapie. Ein direkter sicherer Zugang ist dieser Port, wurde mir in der Klinik erklärt. Dann müsste, an einem Stativ hängend, das Gift in einem Infusionsbeutel sein, was durch einen Anschlussschlauch eine Verbindung zum Port bildet? Das hätte ich doch fragen sollen.

Meine Gedanken kreisten plötzlich nicht mehr in dieser niederschmetternden Angst, wie ich diese verdammte Chemotherapie überstehen sollte, sondern ich malte mir in Gedanken aus, wie zum Teufel dieser Zugang entstehen sollte zwischen Port und der Chemoflüssigkeit. Es muss ein dünner Schlauch sein, dachte ich mir. Ein dünner Schlauch, der von meinem linken Schulterbereich, wo sich der Port befindet, bis irgendwohin führt. Ein bestimmt kalter, dünner, durchscheinender Schlauch. Oder ein Schlauch, dem man nicht ansieht, was er

transportieren muss, weil er eine so hässliche und ekelhafte Mischung enthält?
Ich wollte nicht in der Klinik anrufen um eine Auskunft über diese Anschlussverbindung zu erhalten, ich wollte mir irgendwie selbst eine Antwort suchen.

Ein Tag war für mich so ewig lang, manchmal schaute ich sitzend einfach nur ins Leere. Was wird mit mir in Zukunft geschehen? Das alles überforderte mich. Mit dieser ständigen Angst den ganzen Tag zu verbringen, immer wieder zu grübeln „Wie lange darf ich noch leben – wie lange?"
Jetzt werde ich eine Chemotherapie überstehen müssen und fragte mich, wie?
Es manifestierte sich in meiner Vorstellung, dass es sich doch nur um einen dünnen Schlauch handeln konnte, der eine Verbindung bilden würde zwischen meinem Port und dem Giftcocktail namens Chemo.
Aber wenn ein Schlauch genau unterhalb an dem Platz von meinem linken Schlüsselbein von diesem Port Zugang angeschlossen wird, dann müsste doch der dünne Schlauch genau oberhalb vom Halsausschnitt meines Oberteils hervortreten um eine richtige Weiterleitung zu garantieren. Oder der Verbindungsschlauch liegt vielleicht entlang von meinem linken Arm bis zu einem Stativ mit dem Beutel der

Infusion. Egal wo dieser dünne Schlauch liegen würde, er würde immer meine Haut berühren, am Hals oder am Arm oder sogar auch entlang meines Oberkörpers. Er muss doch auch eine gewisse Länge haben, es kann doch auch nicht sein, dass man nur starr vielleicht sogar stundenlang dabei auf dem Rücken liegend mit einem sehr kurzen, dünnen und auch noch durchsichtigen Schlauch entlang des Halses eine Chemotherapie über sich ergehen lassen muss.

Meine Gedanken drifteten ab. Hatte ich schon jemals irgendwo gelesen, dass jemand bei einer Chemotherapie, bei der dieser dünne Schlauch entlang vom Hals lag, durch einen zu kurzen Verbindungsschlauch vom Port bis zur Halterung der Chemoflüssigkeit plötzlich stranguliert wurde, nur weil sich vielleicht eine Krebspatientin doch unerlaubterweise im Schlaf zur Seite drehte?
Es war mir bisher nichts bekannt darüber, aber irgendwann gibt es für irgendwas immer das erste Mal und ich wollte nicht zu diesem Opfer gehören, die sich zum ersten Mal bei einer Chemotherapie strangulierte. Ich fing an mir vorzustellen, wie ich dieses gewaltige Problem lösen könnte. Es war ein absolut neuer Kampf für mich, der Kampf gegen einen Schlauch mit der Füllung von Chemoflüssigkeit auf meiner

Haut. Nein, diesmal nicht der Kampf gegen meine Angst, sondern gegen das in meiner Vorstellung widerlichen Gefühl von Kälte auf meiner Haut, welches ich bestimmt für diese Situation in der Lage bin irgendwie bekämpfen zu können. Ich will diesen Kampf gewinnen, ich werde alles versuchen um dieses bestimmt kalte, ekelhafte, plastikartige Gefühl von einem Gift gefüllten Schlauch auf meiner Haut vermeiden zu können.

Mein erster Schritt war damals die Suche im Internet, wobei ich schnell feststellen musste, dass es das, was ich mir in meinen Gedanken vorstellte, noch nicht gab. Ein Schlafanzug, reine Baumwolle, wunderschönes Muster, ohne Knöpfe im Oberteil aber trotzdem mit einer punktuellen Schnellöffnung über das gesamte vordere Oberteil. Ich hätte dann keinen kalten, dünnen Schlauch entlang meines Bauches, keinen Schlauch entlang vom Arm, auch nicht durch die Halsöffnung von meinem Oberteil. Der Schlauch könnte an irgendeiner Unterbrechung der punktuellen Öffnung am Port angeschlossen werden. Einfach das Oberteil zur gewünschten Länge für das gerade zuständige Personal oder Visite der Ärzte aufziehen, das geht auch wesentlich schneller als aufknöpfen, die Verbindung zum Port irgendwie anbringen lassen... jetzt einfach nicht weiterdenken, was dann geschehen wird, ich werde mir jetzt selbst diesen besonderen Schlafanzug nähen, meinen Chemo-Anzug.

Hatte ich nicht schon in der Vergangenheit alles Mögliche selbst genäht? Hatte ich nicht schon Schutzbezüge für Sitze in Fahrzeugen bis hin zu Kommunionkleider und andere Bekleidung für meine Töchter, über sogar teilweise sehr aufwendige Kostüme für Karneval eine wirklich gute schneidernde Sicherheit erlangt, um bei dieser für mich gewaltigen Herausforderung eine Lösung zu finden?

Was ich niemals gedacht hätte, dass ich mir jemals einen eigenen Schlafanzug für meine Chemotherapie im Leben nähen müsste. Aber ich möchte unbedingt etwas, was mir in dieser Zeit der Chemotherapie einen Schutz bieten kann, auch wenn es nur ein kleiner Schutz vor diesem Plastikschlauch auf meiner Haut sein wird.

Trotz aller Angst was mich bald bei meiner ersten Chemotherapie erwarten würde, trotz eines immer wieder unvorstellbaren inneren Zitterns, wenn das Telefon klingelte und ich dachte, das ist jetzt die Klinik und die teilen mir jetzt den ersten Termin für die stationäre Chemotherapie mit, war mir sehr bewusst, dass ich nicht mehr sehr viel Zeit hatte, um mir einen eigenen außergewöhnlichen Schlafanzug anzufertigen, der für mich aus fester innerer Überzeugung einen Schutz bieten wird. Aber ich hatte irgendwie die Gewissheit, dass ich mit meinem selbstgenähten Schutzanzug zur ersten Chemotherapie damals gehen werde.

In der Innenstadt, in einem gut sortierten Stoffgeschäft, fand ich auf Anhieb einen wunderschönen Baumwollstoff, der von einem Meer von traumhaften zarten Farben von Blumen durchzogen war. Auch meine Vorstellung für eine punktuelle Öffnung hatte ich umgehend gelöst. Es entstand schnell ein wunderschöner, praktischer Schlafanzug an meiner Nähmaschine. Ein besonderer Anzug zum Kämpfen für mich und gleichzeitig mein Schlafanzug. Der mich vor einem ekelhaften und kalten Plastikschlauch gefüllt mit purem Gift für meinen Körper beschützen würde. Dabei entstand auch in mir das sichere Gefühl, dass er mich mit Sicherheit bei allen Zyklen in der Chemotherapie in meinem Krankenbett vor dem Strangulieren beschützen würde.

Als für mich damals die erste Chemotherapie begann, lag ich mit meinem selbstgenähten Anzug im Krankenbett auf der Station der Onkologie in der Klinik.
Verwunderte Blicke entstanden immer wieder beim Pflegepersonal und den zuständigen

Ärzten. Manchmal war dies auch mit einer Aussage verbunden wie: „Das ist aber genial dieses Oberteil und absolut praktisch mit diesen Schnellverschlüssen, so etwas habe ich noch nie gesehen." Und wenn jemand vom Stationspersonal mich fragte, wo es diesen außergewöhnlichen Schlafanzug zu kaufen gäbe, so sah ich eine Verwunderung in den Augen des Gegenübers wenn ich antwortete: „Den habe ich mir selbst genäht."

Mein Schutzanzug verhalf mir in der gesamten Zeit der Chemotherapie, niemals in Kontakt zu kommen mit diesem ekelhaften Chemoschlauch. Nie spürte ich auf meiner Haut, wie das Gift in meinen Körper strömte. Und irgendwie hatte ich auch das Gefühl, dass ich während der gesamten sechs Aufenthalte in der Klinik keine wirklich schwerwiegenden Nebenwirkungen ertragen musste – dank des Anzugs.

Nachdenkgeschichte 2

Supertalent

Manchmal öffnet sie in der Nacht ihre Augen und dann sind sie spontan da, diese Gedanken von Sätzen, nicht in einer Reihenfolge wie bei einem Buchkapitel sondern total wahllos durcheinander.

Für sie zählen nur die Inhalte, die Stärke dieser Sätze. Sie kreisen und kreisen in der Nacht in ihren Gedanken, lassen ihr keine Ruhe mehr, um wieder einzuschlafen.

Manchmal sind es viele Sätze, manchmal nur wenige und egal wie viele es sind, in diesen Nächten spricht sie ihre Gedankensätze auf ein Diktiergerät, damit sie auch wirklich nicht mehr in Vergessenheit geraten.

Auch an diesem frühen Morgen wurde sie wieder von diesen Gedankensätzen geweckt, dabei hörte sie noch vor wenigen Stunden in der Nacht die Wiederholungssendung von „Das Supertalent" im Fernseher.

Immer wieder in den Werbepausen wird der Zuschauer aufgefordert sich zu melden, wenn er ein Talent besitzen sollte.

„Zeig uns dein Talent in unserer Show „Das Supertalent" – sei dabei!"

Sie ertappte sich auch dabei, dass sie sich zwischen ihren Sätzen, die sie aufnahm, die Frage stellte ob sie überhaupt ein Talent hätte, um in dieser Show aufzutreten?
Das Erzählen wäre es wohl kaum. Es käme auch nicht besonders gut an auf der Bühne sitzend zu erzählen. Ist erzählen überhaupt ein Talent? Sie hatte vor einiger Zeit irgendwo gehört, erzählen kann jeder, also verwarf sie diese Idee schnell wieder.

In ihrer inneren Wahrnehmung hatte sie die Begabung, hervorragend genaue Grundrisse zu sehen. Nicht von dreidimensionalen Objekten, von deren verschiedenen Maße, von den Wänden und den Quadratmeter Angaben der Böden. Auch nach längerer Betrachtung konnte sie diese Maße überhaupt nicht genau bestimmen. Da lagen ihre Schätzungen doch immer sehr weit von den tatsächlichen Maßen entfernt.
Aber was die genauen Maßangaben von Kleidung betraf, war sie unschlagbar. Mit bloßem Auge sah sie die einzelnen erforderlichen Maßeinheiten um anschließend ein passgenaues Kleidungsstück für eine Person zu erstellen. Ja genau, sie könnte in dieser Sendung der Jury und den Zuschauern genau zeigen, dass sie mit bloßem Auge in der Lage sei ‚ein hübsches Kleidungsstück für eine

ausgewählte Person live auf der Bühne bei „Das Supertalent" zu nähen.

Über die gesamte Breite und Höhe dieser Bühne würde ein Regal stehen, gefüllt mit Stoffballen. Die Erreichbarkeit der oberen Regale wäre gewährleistest mit einer Schiebeleiter, so wie man sie aus alten Bibliotheken kennt.
Davor ein Zuschneidetisch, anschließend die Nähmaschine. So platziert, dass man sich direkt bequem an die Nähmaschine setzen kann um schnell zu nähen. Dabei könnte es noch besser sein, mindestens sechs Nähmaschinen auf der Bühne zu platzieren. Drei rechts und drei links.
Jede Nähmaschine sollte mit einer anderen Farbe von einem Nähgarn vorbereitet sein, welche schon vor der Sendung farblich auf die Stoffballen in den Regalen abgestimmt wurde.
Die vielen anderen kleinen Einstellungen an der Nähmaschine hätte sie zeitlich gesehen schnell auf der Bühne geändert. Die passenden Komponenten für ein schönes Kleidungsstück, Stoff, Nähgarn, Maschinennadelstärke und die Maschineneinstellung müssen auf jeden Fall übereinstimmen, damit auch ein sicheres und schnelles Nähen funktioniert. Vielleicht sollten in den verschiedenen kurzen Wartezeiten für die Zuschauer und die Jury, Models in

ausgefallenen Kostümen, wie rosafarbene überdimensionale Nadelkissen, grazil wie eine Ballerina über die Bühne schweben oder eine Tanzvorführung darbieten.

Zeitlich könnte sie in dieser Pause schnell entscheiden, welche passende Stoffqualität, Farbe und Muster sie auswählen würde. Spontan und unter Zeitdruck entscheiden, bei welchem Jurymitglied oder auch einer Zuschauerin sie welchen aktuellen Stoff und den Zuschnitt verwenden würde, um ein neues Kleidungsstück in nur wenigen Minuten auf der Bühne zu nähen.

Ja richtig, nicht über die gesamte Laufzeit dieser Supertalent Sendung würde sie an einer Nähmaschine arbeiten. Auch nicht mit Schnittmuster, Stecknadel oder die sonstigen typischen Hilfsmittel, die doch sonst eine Schneiderin verwendet, sondern sie würde die ausgewählte Person auf der Bühne schnell und genau betrachten, die Körpermaße regelrecht mit ihren Augen scannen, und anschließend mit dem ausgewählten Stoff sofort die passenden Stoffteile zuschneiden, um sie dann umgehend zu einem perfekt passenden und wunderschönen Kleidungsstück zu nähen.
Diese Models in ihren großen, rosafarbenen, riesigen Nadelkissen-Kostümen tanzen dann

wieder für wenige Minuten für das Publikum über die Bühne, während sie im Hintergrund an der Nähmaschine sitzt und das Bedienpedal auf Vollgas durchdrückt, um diese Stoffteile schnell und trotzdem präzise aneinander zu nähen.

Natürlich würde diese besondere Bekleidung nicht einer fachbezogenen und ordentlichen Nähkunst entsprechen, wie es sonst üblich ist bei einer ausgebildeten Schneiderin.
Ein sicheres und absolut genaues Augenmaß von den Körperproportionen in Verbindung mit genauen Angaben bis auf Zentimeter für ein passendes Kleidungsstück, das Ganze nur in wenigen Minuten genäht. Und trotzdem bildet es an dem Körper eines jeden Menschen eine wunderschöne und genaue Einheit der Passgenauigkeit, Farbton und Form. Das ist ihr besonderes Talent.
Anschließend wird dieses fertig genähte Kleidungsstück auf der Bühne in einer Umkleidekabine angezogen, zuvor würde die gesamte Jury von „Das Supertalent" sich vom ordnungsgemäßen Zustand dieser Kabine überzeugen, schauen ob sich dort vielleicht fertige Kleidungsstücke befinden.
Kein doppelter Boden wäre in dieser Umkleidekabine vorhanden, keine Täuschung, alles hätte wirklich seine Richtigkeit. Voller

erstaunter Gesichtsausdrücke würde sich die Jury sich wieder an ihrem Pult niederlassen und ein sicheres: „Das kann doch nicht genau passen, in dieser kurzen Zeit" gegenüber dem Publikum im Saal äußern.

Aber kaum hätten sie sich wieder der Live-Bühne zugewandt, würde der Vorhang von der Umkleidekabine aufgezogen werden und schon kurz darauf entstehen Ovationen vom Publikum und auch von der Jury. Dieser gesamte riesige Saal der überaus großen Veranstaltung würde plötzlich vor Begeisterung toben.

Ein Kleidungsstück, so passgenau und dabei in seiner Form so fantastisch vollendet, wie sonst es nur ein Haute-Couture-Designer auf diesen großen Pariser Modebühnen das Publikum ins staunen versetzen kann. Aber hier wurde es in nur wenigen Minuten auf der Bühne live vor Publikum und Jury genäht.

Eines Tages wird sie dort, bei „Das Supertalent", mit ihrer überaus besonderen Gabe auf der Showbühne alleine stehen. Dann wird sie allen ihr besonderes Talent zeigen. Wenn die Zeit dazu reif ist, eines Tages, wenn sie wieder von ihrer sehr plötzlich entstandenen Erblindung geheilt ist.

Kapitel 3

Die Perücken Auswahl

„Sie werden ihre gesamten Haare aufgrund der Chemotherapie verlieren", das wurde mir schon in der Klinik in Trier beim letzten Gespräch mitgeteilt. Nur wann und auch wie schnell, über welchen genauen Zeitrahmen, das wusste ich nicht. Wie diffuser Haarausfall? Über vielleicht mehrere Tage oder sogar auch Wochen? Es könnte doch bei mir ein Wunder geschehen, so dass ich meine Haare gar nicht verliere. Ich möchte jetzt das besondere Privileg, dass ich doch meine gesamten Haare behalte.

Mein Beruf als Friseurmeisterin, mein Leben für schöne Haare. Ich hatte doch schon bis zu diesem Zeitpunkt so viel verloren, jetzt auch noch meine gesamten Haare. Dieser Sumpf, er zieht mich wieder hinab zu diesem Punkt der Ohnmacht, überhaupt nichts für mich tun zu können. Vielleicht eine besondere Tinktur mit Kopfmassage, Ampullen, Kur, Tabletten gegen Haarausfall, es würde mir in meiner Situation überhaupt nichts helfen. Ich bin total machtlos ausgeliefert. Ich bekomme eine Glatze an einem bestimmten festgelegten Tag, vielleicht ganz schnell, nur innerhalb weniger Sekunden fallen sie dann plötzlich alle rieselnd von meinem Haupt. Gerade dann, wenn ich dabei bin an meinem heißem Tee zu nippen und sie noch in meine Tasse hineinfallen. Bei diesem Gedanken fuhr ich mir zaghaft mit einer Hand durch mein Haar, zog vorsichtig an meinem Haarschopf und war sehr erleichtert, dass sich beim Anblick kein einziges Haar in meiner Hand befand.

Meine Erfahrung vom ersten Chemozyklus hatte ich vor ein paar Tagen überstanden. Dort sah ich viele der anderen betroffenen Frauen, die schon ihr verlorenes Kopfhaar mit Perücke oder einem dünnen Tuch bedeckten. Man begegnet sich auf dem Flur der Station, schaut sich verängstigt an, wechselt vielleicht ein paar kurze Worte, man fühlt sich nicht alleine mit diesem Schicksal, aber ein Gespräch über den erlebten Zeitpunkt von ihrem kompletten Haarverlust in der Chemotherapie ergab sich für mich bisher nie. Irgendwie war eine Nähe durch das gemeinsam Erlebte mit diesen vielen Frauen vorhanden und doch eine Distanz, weil jede die eigenen wenigen Kraftreserven, die doch nur noch minimal vorhanden waren, für sich selbst doch einsetzen mussten, um dies alles hier irgendwie überstehen zu können.

Diese neue Herausforderung, mich mit einer Perücke demnächst zu bekleiden, musste ich annehmen. Es wird für mich bestimmt auch bald die Zeit kommen, dass ich mich auf dieser Station der Onkologie im Flurbereich mit einer Perücke aufhalten werde.

Wie möchte ich als eine Friseurmeisterin demnächst mit Zweithaarfrisur aussehen? Eine Haarqualität bei der man sofort erkennt, dass es sich um eine Perücke handelt? Mit langem oder kurzem Haar, hell oder dunkel?

Ich möchte nicht in ein Perücken Fachgeschäft gehen, um irgendetwas auf den Kopf gezogen zu bekommen mit einer Aussage wie: „Dieser Schnitt und diese Farbe des Zweithaares steht Ihnen ausgezeichnet." Oder: „Eine Perücke sollte Ihrer jetzigen Frisur nur optisch als Zweithaar angepasst werden."

Es ist keine hübsche Mütze für mich, sondern ein kleines Stückchen Leben, demnächst nur für mich ganz allein. Dieses Stück von einem winzigen normalen Leben werde ich mir jetzt selbst gestalten.

Nach einer Anfrage bei meiner Krankenkasse, ob sie in der Lage sei, die Materialkosten für eine selbst geknüpfte Perücke zu übernehmen, kam eine Absage. Aber es gab für mich die Möglichkeit der Kostenübernahme durch die Einreichung einer Rechnung von einer Firma für Zweithaarfrisuren. Bis zu einem gewissen Betrag, so die Aussage der nette Dame von der Krankenkasse, sei dies für die Erstattung der

Kosten überhaupt kein Problem. Ich kannte die bekanntesten Zweithaarfirmen, hatte sie schon auf großen Friseurfachmessen kurz beachtet, aber nie einen Grund gehabt an deren Messestand überhaupt zu verweilen um mich ausführlich über deren Haarqualität und auch Verarbeitung zu informieren.

Fest entschlossen, dass ich mir meine Perücke selbst aussuchen werde, kontaktierte ich die vielen Firmen für Zweithaar, die mich mit ihrer sehr guten Verarbeitung laut ihren Erklärungen in den Broschüren und Katalogen ansprachen.

Nach einem vorherigen Nachweis über meine Selbstständigkeit im Friseurhandwerk erhielt ich kartonweise eine wirklich riesige Auswahl an absolut verschiedenen Formen an Frisuren. Die Farbauswahl war von Blauschwarz bis Platinblond, die Haarlängen waren dabei von ganz kurzem Haar bis schulterlang. Ich hatte mir diese riesige Vielfalt an Perücken zuvor bei der Bestellauswahl der einzelnen Firmen festgelegt.

Mit meinen beiden süßen Töchtern hielt ich Gespräche, denen ich eine Leichtigkeit meiner Situation einhauchte, die ihrem damaligem Alter einigermaßen gerecht wurde. So habe ich ihnen beim Abendbrot am Tisch ganz locker erklärt, dass ich bald nur vorübergehend eine andere Frisur tragen werde.

Sie, die damals im Alter von 11 und 13 Jahren waren und auf alles standen, was nur im geringsten mit dem Zusammenhang von Glitzer auf Bekleidung und allen möglichen Gegenständen zu tun hatte. Immer wieder versuchte ich sie irgendwie von meiner Krebserkrankung fern zu halten. Mein Mann und ich waren uns darin einig, dass er und ich wirklich alles Mögliche versuchen würden unseren süßen Kids die Normalität einer Familie zu vermitteln. Egal wie, es musste doch irgendwie weitergehen, die Schule, die Hobbys der Kids. Sie sollten weiterhin alle mögliche Unterstützung erfahren, Liebe, Geborgenheit vermitteln, zuhören, in den Arm nehmen, trösten. Sie sollten doch keineswegs in dieser Zeit darunter leiden, dass Mama jetzt Krebs hat.

Als ich anfing über meine vielen Kartons von meiner Perücken Lieferung zuhause bei einer passenden Gelegenheit zu erzählen, wobei ich damals anfangs wirklich eine enorme Angst hatte, ich würde meine Süßen damit total überfordern, kam doch schon spontan von der älteren Tochter die wirklich hilfreiche Idee, ich solle eine Modenschau nur mit diesen vielen Perücken für sie veranstalten. Ich sollte sie irgendwann alle nacheinander anziehen und meine Töchter und mein Mann würden dann entscheiden, welche ich doch behalten sollte.

Nach einigen Tagen zog ich sie dann auch alle nacheinander an, es kristallisierte sich bei der Zweithaarschau heraus, dass ich eine lange und eine kurze Perücke behalten würde.

Sie waren wirklich hervorragend in der Qualität, ich fühlte mich vor allem in der Kurzhaarperücke sehr wohl. „Mama du siehst richtig cool aus", bekam ich einige Wochen später, als ich sie dann trug, von meinen Töchtern zu hören.

Nachdenkgeschichte 3

Der Baumblattleser

In einer Ecke der riesigen Terrasse hinter dem Haus war ein kaltes Büfett aufgebaut. Es war jedem freigestellt, sich diese Speisen je nach Geschmack selbst zu nehmen. Auf dem anderen Teil dieser sehr großen Terrasse befand sich eine Ansammlung von Holzstühlen, die in zahlreichen Reihen vorhanden waren. Über allem spannte sich ein nachtblauer Himmel, der mit Silber funkelnden Sternen übersät war. Unzählige bunte Lampions warfen gedämpftes Licht über die Terrasse und zauberten bizarre Schatten an die Hausfront und den leuchtend weißen Kies, der um diese große Terrasse einen großzügigen Abschluss bildete. Dieses Haus ließ von der Architektur her überhaupt keine klar erkennbaren Seitenkanten erkennen. Alle Hausseiten waren unterbrochen mit einem Erker. Sehr hohe Palmen in riesigen Kübeln, gesäumt von vielen kleinen Bambusstäben, standen als Abschluss entlang des Kiesbettes. Wenn der Wind durch die Wedel der Palmen wehte, verursachte dies bei der sonstigen Stille in dieser Umgebung den Klang eines zarten

Rauschens. Als ob man das Musikinstrument der Regenmacher sehr langsam hin und her bewegen würde. Durch eine sehr großzügige Gestaltung der geschlossenen Fensterfronten war es möglich, die Bewegungen der vielen Leute im inneren zu verfolgen. Man sah, dass sie in kleinen Gruppen zusammenstanden und miteinander sprachen. Als die Flügeltür zur Terrasse geöffnet wurde, erreichte den Zuhörer durch das Rauschen der Palmen nur noch der Bruchteil des Satzes: „Das Schicksal wird hier gelagert". Schaute man wieder auf die große Fensterfront, so konnte man plötzlich beobachten, dass sich die vielen kleinen Gruppen von Menschen in dem Raum auflösten, um in Richtung Terrasse zu gehen. Die gesamten Personen, die zuvor in diesem Raum beieinanderstanden, hatten sich im Laufe der Zeit auf die gesamten Stühle gesetzt, die sich auf der Terrasse befanden. Dabei war die ganze Stuhlformation mit der Sitzfläche nur zur Richtung Flügeltür aufgestellt. Absolute Stille. Man konnte nur beobachten, dass sich einige Köpfe in den hinteren Reihen des Öfteren zur Seite neigten, um einen Blick zur Terrassentür zu gewinnen.

Plötzlich applaudierten alle Wartenden. Bevor man überhaupt wahrgenommen hatte, was gerade geschieht, stand auch schon ein Mann vor dieser wartenden Menschenmenge. Er war gekleidet mit einem Dhoti und einem langen Hemd. Durch seine traditionsreiche Kleidung konnte man die Tiefe der Verbundenheit zu seiner Heimat Indien erahnen.

Er verbeugte sich mit gefalteten Händen und unternahm sofort, mit seinen angewinkelten Armen und den Handflächen zur Erde geneigt, ein langsames Fächern seiner Hände. Die sitzende Menschenmenge verstand seine Geste, dabei wurde der Applaus weniger, bis er ganz verhallte. Es war plötzlich wieder ganz still auf dieser Terrasse. In den vielen Gesichtern der Menschen konnte man einen erwartungsvollen Blick lesen, aber der Mann sagte nichts. Er wartete, bis eine westeuropäische Frau, gekleidet mit einem langen bunten Gewand, die in der ersten Reihe saß, aufstand, um sich neben den Mann zu stellen. Ihre ersten Worte an die anwesenden Personen waren in deutscher Sprache. Sie begrüßte alle Anwesenden mit den akzentfreien Worten: „Herzlich willkommen in Indien." Den Mann neben ihr stellte sie als einen sehr erfahrenen und bekannten indischen Baumblattleser, Abhihava Mishra, vor. Dabei unternahm er mit seinen gefalteten Händen wieder eine tiefe Verbeugung gegenüber der Reisegruppe. Die Frau neben ihm erklärte, dass er nur seiner Landessprache mächtig sei und sie seine indischen Worte übersetzen werde, da sie bereits jahrelang in dieser Gegend lebte. Im Laufe des langen Abends erfuhr die Reisegruppe, dass sich in einem anderen großen Raum, hier in diesem Haus, eine sehr große Baumblattbibliothek befinden würde. Solche Bibliotheken gäbe es überwiegend nur in Indien und noch einigen anderen asiatischen Ländern. Es sind besondere geheimnisvolle Orte, an denen sich diese außergewöhnlichen Abschriften aus sehr vielen verschiedenen Bibliotheken befinden. Darin würden nur die Schicksale mehrerer Millionen Menschen in einer äußerst selten verwendeten Schriftform niedergeschrieben sein. Die junge Frau in dem langen bunten Gewand, neben dem Blattleser, übersetzte weiter die Worte von Abhihava Mishra. Er sagte, es gäbe wirklich ein bestimmtes und besonderes Blatt für jedes Leben. Es sei ihm auch mit einer sehr hohen Wahrscheinlichkeit möglich, allen hier anwesenden Personen mitzuteilen, was das Schicksal für jeden hier bereit hält.

Er lese die Zukunft eines ausgesuchten Leben anschließend aus einem ganz bestimmten Baumblatt, das er nach einigen kurzen aber genauen Fragen an seinen Klienten aus seiner hiesigen Baumblattbibliothek nehme. Darin sei wirklich alles genau beschrieben, das frühere Leben und das künftige Leben des Klienten, bis zu dessen Ableben. Er sei auch in der Lage, die früheren Leben des Klienten zu besprechen und ihm Möglichkeiten aufzuzeigen, diese in das jetzige Leben miteinzubringen.

Zum Abschluss dieser Mitteilung würde er jedem Klienten ein persönliches Mantra mit auf dessen Lebensweg geben. Einer in Indien schriftlich hinterlegten Überlieferung zufolge nutzten vor vielen tausenden von Jahren eine bestimmte Gruppe mythologisch zugeneigter Gestalten diese doch überaus besonderen spirituellen Fähigkeiten, um aus einer bestimmten Chronik die Lebensläufe von Menschen zu lesen und sie dann schriftlich auf viele getrockneten Baumblattblättern für die Ewigkeit zu fixieren. So wurde schon damals das gesamte Leben dieser Menschen, von der Geburt bis zum Tode, auf diese ausgewählten Baumblätter in ganz eng anliegende Zeichen eingeritzt, übersetzte die Frau in ihrem bunten langen Gewand die Aussagen des Inders zum Abschluss.

Nach einer langen und konzentrierten Stille der Reisegruppe fragte die Frau, wer am darauffolgenden Tag von dem indischen Blattleser ihre Zukunft aus diesen besonderen Blättern in Erfahrung bringen möchten. Was der zukünftige Lebensplan für sie bereithält, um auf diese Weise mehr über sich und sein Leben zu erfahren. Sie würde anschließend eine Anmeldeliste aushändigen, darauf sollten sich die Personen mit ihrem Namen eintragen, die Interesse an ihrem persönlichen Schicksal haben.

Ohne nur einen fehlenden Namen der Reiseteilnehmer nahm die Frau in ihrem langen Gewand die Anmeldeliste wieder entgegen.

Am Tag darauf reiste die gesamte Gruppe wieder zu diesem großen Anwesen des sehr berühmten Baumblattlesers von Indien.

Eine Hausangestellte öffnete zaghaft die Tür und erzählte mit Tränen in den Augen, als sie heute Morgen das Haus betrat, fand sie kurze Zeit später den Baumblattleser leblos auf dem Boden liegen.

Kapitel 4

Körperliche Entmachtung

Es war soweit, meine Haare fielen kurz nach der dritten Chemo aus. Mit der Hand konnte ich durch mein dickes, dunkles, kurzes Haar durchfahren und hatte büschelweise Haare in meiner Hand. Immer hastiger fuhr ich mit meinen Händen durch mein Haar, als sollte dieser Zustand endlich aufhören. „Nein, es ist jetzt genug!", schrie ich innerlich und fing an bitterlich zu weinen. Aber immer und immer wieder hatte ich meine Hände voller Haare. Warum konnte mich nicht jemand von der Station, oder irgendein zuständiger Arzt, bei meinem letzten Aufenthalt in der Klinik darauf vorbereiten? Ein Satz, ein Gespräch, vielleicht sogar auf einer psychologischen Basis, wäre doch zeitlich möglich gewesen. Ich bin doch immer zwei Tage dort, komme vormittags, laufe im Klinikgebäude herum, um dabei alle notwendigen Voruntersuchungen für meine bevorstehende Chemotherapie zu erledigen. Warte und warte, bekomme mein Zimmer auf der Station zugewiesen, warte und warte bis alle Untersuchungsunterlagen ausgewertet sind, meine Werte hoffentlich stabil sind, bis dann nachmittags endlich meine Chemogabe beginnt. Aber kein einziges Gespräch, keine Worte zwischen den Zeilen konnte ich bisher von irgendjemandem auf dieser Station der Onkologie vernehmen. Niemand erwähnte, dass mir dieses Mal nach der Chemogabe eine Glatze bevorstehen wird.

Oder hatte ich vielleicht total vergessen als Brustkrebspatientin zu fragen: „Wie lange kann ich jetzt noch mit meinem Kopfhaar verbringen?" Meine qualifizierte Ausbildung als Meisterin im Friseurhandwerk tritt hervor. Wie oft hatte ich während meiner beruflichen Zeit Frauen beruhigt, Tipps gegeben wenn sie beunruhigt vermehrten Haarausfall bei sich selbst feststellten. Aber nicht, weil sie sich in einer Chemotherapie befanden.

80 bis 100 Haare fallen auf natürliche Weise täglich aus, aber ich halte momentan das zehnfache in meinen Händen und es werden noch mehr werden, bis gar keine Haare mehr auf meinem Kopf sind, heute, morgen oder sogar bis übermorgen?

Und keine fachlichen Tipps können mir jetzt helfen, nichts kann ich dagegen tun. Ich kann meinen Haarausfall einfach nicht stoppen. Nur eins kann ich hier sofort unternehmen: Meinem Haarausfall hier und jetzt zuhause ein Ende bereiten. Kurzerhand entschloss ich mich und rasierte mir über die Badewanne gebeugt eine Glatze. Früher war immer nur warmes Badewasser mit viel Schaum in dieser Wanne. Damals als meine Töchter noch klein waren und sie während des Badens mit ihren Barbiepuppen spielten. Die Barbies hatten dann immer einen Badeanzug an und mussten durch den hohen Badeschaum tauchen. Dabei durften auch die Barbies auf einem Boot sitzen, das meist aus einem Waschlappen bestand, und über den Schaum fahren. Wenn das „Waschlappenboot" dann plötzlich versank, wurden die Barbies sofort wieder hervorgehoben und mit ihrem erhobenen Arm fest in der kleinen Kinderhand dabei in kreisenden Flugbewegungen über die Badewanne gesteuert.

Und was ist heute?

Keine Wanne gefüllt mit warmem Wasser und viel Badeschaum, keine Barbie die es vor dem Ertrinken zu retten gibt, nur meine abrasierten Haare, die jetzt in dieser Badewanne liegen. Dabei könnte die Wanne heute überlaufen, durch ein Meer an Tränen von mir.
Als ich vor den Spiegel im Bad trat, sah ich eine wunderschöne Frau mit kahl geschorenem Haupt. Ich war es, eine Friseurmeisterin von Beruf, ohne ein einziges Haare auf dem Kopf, meine Leidenschaft Haare. Dabei lag meine

Haarpracht jetzt in der Badewanne. Ich konnte nicht mit meiner Hand über meine neue Frisur von einer Glatze streichen, es wird wohl noch eine gewisse Zeit dauern bis ich zu dieser Geste überhaupt in der Lage sein werde.

Wie belanglos kommt es mir doch gerade vor, wenn mir früher Kunden beunruhigend über ihren auffälligen Haarausfall berichteten.

Vor einigen Wochen hatte ich mir schon von namhaften Herstellern kartonweise Perücken zusenden lassen. Auch hatte ich mir überlegt, selbst eine Perücke zu knüpfen. Meine sehr gute fachliche Ausbildung im Meisterkurs vor einigen Jahren bei der Handwerkskammer Trier war in der Theorie und Praxis so gut ausgebaut, dass ich sogar in der Lage gewesen wäre meine eigene Echthaarperücke zu knüpfen. Wenn auch dieser Zeitaufwand enorm hoch ist.

Aber mein Problem bestand auch darin, dass meine Krankenversicherung diese sehr hohen Kosten für das Material einer selbst geknüpfte Perücke überhaupt nicht übernommen hätte.

Selbst konnte ich es nicht finazieren.

Wie oft kommt es auch schon vor, dass sich eine Patientin, die sich in einer Therapie zur Brustkrebsbehandlung befindet und unter Haarverlust durch die Chemotherapie leidet, ihre Perücke selbst herstellen möchte?

Die Krankenkasse war mit meiner doch sehr merkwürdigen Frage überfordert, ich ging wie alle anderen betroffenen Patientinnen in der Chemotherapie zu meinem zuständigen Arzt und erhielt ein Rezept für meine Perücke.

Aber ich musste nicht in ein Fachgeschäft für Perücken in die Stadt, nein, ich recherchierte alle Firmen für Zweithaarfrisuren in meinen Fachzeitschriften, suchte mir in aller Ruhe vorab alle möglichen Haarfarben die es gab anhand der Farbmuster heraus und ließ mir eine große Auswahl an Perücken nach Hause schicken. Die Auswahl war gigantisch, die Qualität mancher Firma stellenweise doch sehr mäßig.

Mit Perücke und Mütze hatte ich mich auf meine bevorstehende Glatze vorbereitet, aber trotzdem ist es ein entmachtendes Gefühl, wenn diese Zeit plötzlich kommt. Alle Haare am gesamten Körper schwinden von Tag zu Tag mehr, bis keine Augenbrauen, keine Wimpern, bis nichts mehr am Körper an eine Form von einem Haar erinnert. Man erhält als Frau mit Glatze eine irreversible Vorstellung, wenn man durch Zufall vor dem Fernseher in den Werbepausen mitbekommt, wie viele diverse Pflegeprodukte auf einmal für schönes, langes, glänzendes Haar angepriesen werden. Wenn diese Frauen mit ihren Händen durch ihr wallendes, volles und glänzendes Haar fahren.

Dabei liege ich mit einer Mütze, weil es mir sonst mit meinem kahlen Haupt zu kalt wird, auf dem Sofa eingewickelt in einer Decke und versuche meine aufsteigenden Tränen zu unterdrücken aber meist kullerten sie einfach über meine Wangen.

Das einzige, was ich im Laufe dieser Zeit mit meiner Glatze und dem Tragen einer Perücke als positiven Aspekt empfunden hatte, war die andere Macht durch meine Glatze.

Als eine furchtlose Person konnte ich an die abgelegensten Orte gehen, in menschenleere Gegenden, ohne auch nur irgendeine Angst zu verspüren. Manchmal ging ich einfach alleine, mit meinem Mp3-Player und Kopfhörern auf den Ohren, in einen naheliegenden Wald, um auf den dunkelsten, abgelegensten Waldwegen zu spazieren. Ein anderes Mal unternahm ich einen Spaziergang in der Nacht durch die leeren Straßen von Trier.

Dieses Tragen von meiner Perücke, unter der sich meine Glatze verbarg, gab mir immer eine innere Sicherheit, dass ich niemals ein Opfer von einem Gewaltverbrechen werde könnte. Niemand würde sich im Wald an mir vergehen, wenn sich ein Irrer dort aufhalten sollte. Ich würde meine Perücke schnell ausziehen und einem sich im Schock befindenden Irren noch sagen: „Ich habe Krebs, das hier willst du jetzt

59

nicht wirklich". Anschließend würde ich meinen Spaziergang im Wald fortführen. In den dunklen verlassenen Straßen der Stadt würde wohl nur das Ausziehen meiner Perücke bei einem Übergriff genügen. Anschließend würde ich meine Perücke wie eine Mütze in dieser Situation langsam wieder aufsetzen und meinen nächtlichen Spaziergang in den Straßen der Innenstadt fortführen.

Niemals kam ich in dieser Zeit auch nur annähernd in solch eine gefährliche Situation, in der ich mich im Ernstfall auch genau so verhalten hätte. Vielleicht wachte auch damals eine schützende Hand über mich.

Nachdenkgeschichte 4

Auslese für ein Lächeln

„Sie scheinen das unmögliche doch plötzlich möglich machen zu können." Er war ein wenig überrascht, aber ohne zu überlegen, stimmte er einfach dieser Aussage zu. Dabei wurde er, noch bevor es ihm deutlich war, ob diese Antwort überhaupt eine passende war, durch das Surren seines Handys unterbrochen.

Als er diesen Anruf beendete, stand für ihn fest, dass er wieder mal das Unmögliche möglich machen konnte. Dieses Gespräch von nur wenigen Minuten gab ihm zugleich eine tiefgreifende innere Zufriedenheit. Mit dieser Wirkung der Worte vertiefte er sich weiter in seine Arbeit. Ganz versunken in Gedanken und der Vorstellung, bei seiner Arbeit mit allen möglichen Dingen experimentieren zu können, verspürte er doch plötzlich aufkommende Hemmungen.

War er nicht der Typ Mensch, der es absolut ablehnte, durch die vielen positive Aussagen seiner Mitmenschen eine neue euphorische Gratwanderung von unzähligen Gefühlen des Glücks doch zu empfinden? Weil er Personen in die Vergangenheit versetzen kann, aber die

Umstände, die dies voraussetzen, erst durch sehr traurige Geschehnisse entstanden.

Er, der bisher nie einen, mit festen Willen geprägten Lebensweg fand, um sich dabei im religiösem Glauben irgendeiner Gemeinschaft anzuschließen. Aber sein Aufgabengebiet im Beruf bildete im Grunde genommen eine tiefgreifende Grundlage dazu. Dabei spielt es für ihn keine Rolle, dieses Nicht-Glauben-wollen, sondern aus dem Spüren seiner Arbeit aus der anderen Inszenierung, die Ästhetik und Schönheit trifft es seine Seele mit der Macht an etwas Glauben zu wollen.

Das was geschehen war, verdrängte er in seinem Beruf, vergessen kann er es aber nicht. Aber er zählt zu den besten und wenn er bei Gelegenheit von jemandem gefragt wird, wie er das überhaupt gemacht habe oder warum, blickt er dem Gegenüber in die Augen und spricht ohne eine Miene zu verziehen.

„Das ist der würdevollste Abschied den es gibt, wenn dieser Weg gewünscht wird" „ Aber du kannst doch nicht einfach...", versuchen es nicht wenige Kritiker. „Warum nicht, sag mir warum nicht", fällt er dem Gegenüber dann direkt wieder ins Wort. Dabei erzählt er sofort dem Gegenüber von den vielen Aussagen der Angehörigen. Diese seien nie entsetzt darüber, was er getan habe. Auch gibt es im Nachhinein keine empörte Aussagen darüber, was seine

Einstellung zur Ethik in seinem Berufsfeld als Thanatologe betrifft. Ganz im Gegenteil, es kommen viele Anrufe des Dankes. Dafür, dass es doch erst durch seine Arbeit ermöglicht wurde, schöne Erinnerungen wachzurufen, verknüpft mit schönen Geschichten aus einer glücklichen Vergangenheit. „Diese trauernden Angehörigen berichteten mir, dass, wenn sie ihren geliebten Menschen offen im Sarg betrachten und ich durch meine doch sehr aufwendige Arbeitsweise ein zufriedenes und bedeutungsvolles Lächeln in dem Gesicht des Toten hinterlassen habe, sie doch auch ihren unendlichen Schmerz über den plötzlichen Verlust des geliebten Menschen viel besser mit in ihre Zukunft nehmen können, auch wenn dieser geliebter Mensch nicht mehr mit ihnen zusammenlebt."

Als der Thanatologe Jahre später starb, stand in seinem Testament, dass er sich von den Trauergästen an seinem Grab ein Lächeln in jedem einzelnen Gesicht wünsche.

Kapitel 5

Aufenthalt einer Stechfliege

Es war wieder soweit, mein Termin in der Klinik für meine Chemotherapie stand mir bevor. Wieder werde ich Unmengen an Untersuchungsstationen durchlaufen in diesem Gebäude, bevor ich mein Zimmer für eine Nacht auf der Station bekomme. Es wird aber dieses Mal mein letzter Aufenthalt für meine Chemo sein, denn heute beginnt der sechste und letzte Kurs. Es sind doch bestimmt schon vier Monate vergangen seit meinem ersten Aufenthalt hier, trotz meiner körperlichen Beeinträchtigung von Müdigkeit, gereizter Schleimhäute im Mund und nur ein einmaliges Übergeben bisher, war es für mich eine sehr schnell schwindende Zeit. Es lag auch daran, dass ich keine Verzögerungen ertragen musste, weil sich meine Werte immer in einem stabilen Bereich befanden, um das Gift von Chemo in meinen Körper fließen zu lassen.

Dabei war ich auch fest davon überzeugt, dass mich mein selbst genähter Schlafanzug für die Chemotherapie bisher von allen schrecklichen Nebenwirkungen beschützt hatte. Zuvor erfuhr ich doch bei Begegnungen anderer betroffener

Frauen, außerhalb meiner Klinikaufenthalte, welche schrecklichen Nebenwirkungen sie ertragen mussten. Diese schwerwiegenden Verzögerungen, die auch für ihre Psyche eine unvorstellbare Belastung. war. Dieses ständige auf und ab, wieder ihre Termine verschieben zu müssen, weil ihre Leukozyten für eine Therapie nicht genügend vorhanden waren. Es ist schrecklich im eigenen Sog von starken Angstgedanken, ein weiteres schreckliches Schicksal diesen machtlos ausgeliefert zu sein, von anderen Frauen in der Chemotherapie zu erfahren.

Ich gehöre nicht zu der Gruppe von Frauen, die sich zuvor durch regelmäßige Recherche oder übermäßiges Wissen im Internet auf diesen gewissen Krebsforen genau informiert hatte, was, wie, wann, wo und überhaupt bestimmt bald vielleicht auch nicht auftreten kann, bei einer Chemotherapie bei Brustkrebs von den Erfahrungen der anderen. Ich hatte meinen ganz persönlichen Weg gewählt, irgendwie mit dieser Situation umgehen zu können, zu müssen.

Mein Körper stand doch schon unter ständiger Anspannung, immer mit dieser Ungewissheit, was noch alles auf mich einbrechen würde. Hatte ich nicht schon vor Monaten gelernt, dass überhaupt nichts mehr sicher sein kann, egal wie gut man sich fühlt?

Denken, fühlen, handeln – ich war so müde davon geworden, dass ich irgendwie versuchte mich von allem abzuschotten. Ich fragte die Ärzte nur das Notwendigste, warum sollte ich nach etwas fragen, wenn es auf mich vielleicht nicht zutreffen sollte. Mein Leben, ein langes oder doch nur noch ein kurzes? Wer bestimmt hier überhaupt über Leben und Tod? Der Arzt, der Oberarzt, der Professor? Wer vergibt Anhand von Statistiken oder den Prognosen die sichere Vergabe, wie lange eine Lebenszeit existieren kann, wenn es um die Frage geht, den Zeitpunkt zum Sterben überhaupt zu bestimmen? Wo bleiben die unerklärbaren Wunder im Leben? Was hatte ich nicht schon alles gesehen hier auf dieser Station: Patientinnen, die sich mit Mundschutz, Glatze und Baumwollhandschuhen auf dem Flur der Station in langsamen, mühseligen Schritten versuchten, ein kleines Stück Leben zurückzukämpfen. Ihr Immunsystem befand sich in einem sehr geschwächten Zustand, ihre Hände rohes Fleisch, so sehr waren sie körperlich gezeichnet von einer starken Krebstherapie. Infusionsständer mit Beutel daran, die vor jedem Krankenzimmer standen, gefüllt mit einer ekelhaften Flüssigkeit, die für Krebspatienten und auch für mich, aus einer klammernden Hoffnung einer baldigen Genesung bestand. Nonnen auf dieser Station,

66

die an Krebs erkrankt waren, die mir dabei das Gefühl gaben, noch nicht einmal ihr jahrelanger bestimmt, tiefer, christlicher Glaube schreckte diesen Krebs ab. Besucher der anderen Krebspatienten auf meinem Zimmer, die mich in meinem Krankenbett immer so bemitleidenswert anschauten, als würde ich bestimmt in absehbarer Zeit namentlich auf den letzten Seiten der lokalen Zeitung von Trier stehen, wo sich doch immer die gesamten Sterbeanzeigen befinden.

Ja, ich sah nicht gerade gesund aus, blass mit einer blauen Fleecemütze und meinem Schutzanzug bekleidet in meinem Krankenbett liegend, weil es sich für mich trotz Sommerzeit zu kühl anfühlte. Nur mit meiner Glatze im Bett wartete ich auf die Chemogabe. Ohne Augenbrauen, ohne Wimpern, ohne Haare. Mein neues Aussehen seit einigen Wochen entsprach mittlerweile einer typisch aussehenden Patientin mit Brustkrebs am Ende einer Chemotherapie.

Das letzte Mal werde ich aber heute hier auf dieser Station sein, diese Medikamente werden heute das letzte Mal durch meinen Port in meinen Körper fließen, es wird bestimmt wieder einige Stunden in Anspruch nehmen, aber es ist heute das letzte Mal.

Als ich schon einige Zeit im Bett lag, in meinem selbstgenähten Schutzanzug, nickte ich immer wieder kurz ein. Ich bemerkte gar nicht so recht welche Tageszeit es wirklich war, durch irgendein leises Geräusch neben mir wurde ich plötzlich wach, bemerkte, dass neben meinem Bett ein Stativ stand mit irgendeinem Beutel daran. Als ich das erste Mal hier lag war ich innerlich nur angespannt, aber heute kommt eine starke Müdigkeit dazu . Keine Konzentration war möglich, auch nicht, wenn ich mich mit irgendetwas intensiv zu beschäftigen versuchte.

Meine vielen Entspannungs-CD's hörte ich über meinen MP3 Player manchmal stundenlang, nur damit ich mich gedanklich von dieser innerlichen Anspannung irgendwie befreien konnte. Heute gibt es einen Unterschied, ich bin zu sehr erschöpft, trotz immerwährender Gedanken voller Angst, wenn ich wach werde, mir irgendetwas anhören zu wollen. Oder andere Dinge, die ich zur Ablenkung nutze und immer wieder mitnehme, wenn ich mich wie heute auf der Station der Onkologie in der Klinik befinde.

Zu einem späteren Zeitpunkt sprach mich Pfleger Fred an meinem Bett an, er, der mir schon die letzten fünf Aufenthalte hier auf der Station immer dieselbe Frage stellen musste. Geschützt mit dünnen, blauen Handschuhen den Giftbeutel mit Chemoflüssigkeit an ein Stativ hängend, beginnt er vom Beutel der

Infusion abzulesen, immer mit der vorherigen Frage „Sind Sie: >Vor - und Zuname< sowie mein >Geburtsdatum<?".

Welcher zuvor handschriftlich mit schwarzem Edding beschriftet wurde. Wer auch immer bis zu meiner heutigen sechsten und letzten Chemogabe diesen schwarzen Edding benutzt hatte, um meinen Giftbeutel zu identifizieren, diese Person wusste um was es ging, sonst wäre doch ein hellerer Schriftzug gewählt worden.

Pfleger Fred fragte ich beim letzten Aufenthalt, ob er mich nicht mittlerweile kenne, dass er sich doch dieses Vorlesen sparen könne. Wenn ich doch auf diesen Beutel schaue und dann meine Zustimmung gebe, weil die schriftlichen Angaben darauf stimmen. Er verneinte dies freundlich mit der Aussage, es sind Sicherheitsvorkehrungen und er ist strikt angewiesen, sich daran zu halten.

Gegen Abend nach meiner Chemogabe überkommt mich immer eine wahnsinnige Heißhungerattacke. Auch heute wird mir mein Mann von einer Fastfood-Kette ein sehr geschmacksintensives Fastfood Menü wieder vorbeibringen, bevor er zum Kegel-Training fährt. Es ist mir egal, was ich da an sinnloses von Nährwerten in Nahrungsform zu mir nehme. Dieses Essen, mit dem ich sonst überhaupt nicht zu begeistern bin, sehe ich als

69

ein geschmackvolles, delikates Abschlussmahl nach jedem meiner Chemozyklen.

Diese Heißhungerattacken, erinnere ich mich, hatte ich zuletzt vor ewigen Zeiten in meinen beiden Schwangerschaften und jetzt liege ich hier in diesem Zimmer auf der Onkologie, eine Mütze bedeckt meine Glatze, mein selbstgenähter Schlafanzug soll mich auch heute beschützen, ich starre an die Decke, mein Blick wandert auf den Bildschirm vom eingeschalteten Fernseher im Raum, ich bekomme aber gar nichts mit von dem, was in diesem Augenblick gerade für eine Sendung ausgestrahlt wird. Dazu noch der Grund für meine wahnsinnigen Heißhungerattacken eine Chemotherapie, eine Schwangerschaft wäre mir jetzt lieber gewesen.

Ich war nach meinen Fastfood-Mahl und voller Gift in meinen Adern nach der vorherigen Chemogabe eingeschlafen, bis ich plötzlich irgendwann in der Nacht von einem Summen an meinem Ohr geweckt wurde. Dieses typische Geräusch von „bsss" umgab mich. Ich wollte doch schlafen, nur schlafen, heute das letzte Mal auf dieser Station. Wie glücklich war ich doch, in ein paar Stunden diese Umgebung für immer verlassen zu können. Warum fliegt sie nicht wieder hinaus in die Freiheit durch das Fenster, es ist doch etwas geöffnet. Warum lässt sie mich nicht schlafen. Und wieder hängt dieses Summen an meinen Ohren. Kurzerhand entschloss ich mich das Licht über meinem Bett anzuschalten und diesen Kampf mit dieser Stechfliege aufzunehmen Ich hob langsam meine Bettdecke zur Seite, lag da in meinem Schutzanzug, meine Augen geschlossen und sprach in Gedanken: „Komm, stech mich doch, wenn du mich nicht in Ruhe lassen möchtest. Ich bin vollgepumpt mit Gift in meinem Körper, das überlebst du garantiert nicht. Mein Blut besteht nur aus Chemie, schau mich doch an, Stechfliege." Dabei stellte ich mir vor, wie sie an irgendeiner Körperstelle an mir genüsslich zustach und anschließend sofort nach einer absoluten kurzen Flugphase im Sinkflug zu Boden fallen würde.

Das Summen hörte plötzlich auf. Ich schaltete das Licht wieder aus und konnte noch einige Stunden schlafen.

Am nächsten Morgen schaute ich nach dem aufwachen sofort auf den Fußboden in der unmittelbarern Nähe meines Bettes, ob sich dort diese tote Stechfliege befand, aber ich sah nichts. Ich hatte auch keine einzige juckende Einstichstelle an meinem Körper. Sie war mit Gewissheit in der Nacht bei mir, ich hatte es nicht geträumt.

Nachdenkgeschichte 5

Die Identitätskrise

Am Prüfungstag erhielt jeder Kursteilnehmer Unterlagen, um darin seinen Abschlusstest niederzuschreiben. Auf der Vorderseite der Prüfungsblätter musste man seinen Namen notieren. Der Prüfling wollte sich nicht mit so etwas Banalem wie seiner Namenseintragung aufhalten, sondern fing sofort an sich auf die Beantwortung der vielen Prüfungsfragen zu konzentrieren. Voller Begeisterung begann er die Fragen zu beantworten. Es bereitete ihm keine Mühe sich lange hinterfragend dieser schriftlichen Aufgaben zu stellen, hatte er sich doch monatelang bis spät in die Nacht in intensiven Lernphasen auf diesen Tag der Prüfung vorbereitet. Doch als er zu einem späteren Zeitpunkt seinen Namen auf die einzelnen Blätter dieser vielen Unterlagen eintragen musste, hatte er ihn schlichtweg vergessen. Sein vollständiger Name war plötzlich aus seinem Gedächtnis gelöscht, um nichts in der Welt konnte er sich an ihn erinnern. Mit den Prüfungsblättern vor sich liegend blieb er an seinem Platz sitzen und überlegte, ob er nachfragen sollte wie sein

Name sei. Aber er wagte es nicht, weil ihm bewusst war, dass jeder ihn dann für verrückt halten würde. In seinen Gedanken suchte er krampfhaft nach Namen, aber egal welche ihm einfielen, er war sich sicher, dass es nicht seiner war. Dabei wurde er immer nervöser und eine starke Unsicherheit ergriff ihn, ob denn überhaupt, wenn er irgendeinen langen oder kurzen Namen plötzlich im Gedächtnis hätte, es seiner wäre? Er schaute sich um und sah dabei die anderen Prüflinge, deren Köpfe noch über die Prüfungsfragen geneigt waren.

Ob jemand von den anderen Prüflingen in diesem Raum auch seinen Namen vergessen hatte, fragte er sich dabei. Die Gegenstände und Ereignisse in dieser Umgebung, die er beobachtete oder worüber er zuvor intensiv nachdenken konnte, waren ihm so wichtig geworden, dass er alles andere als überflüssig empfand. Das Wesentliche hatte er gefunden, dabei aber seinen Namen verloren.

Kapitel 6

Der Schleier

Sie schleicht sich an, und wer sie nicht kennt, mag oft erst gar nicht begreifen, was hier geschieht. Sie raubt den Schlaf, stiehlt die Kraft, die Konzentration, den Appetit, die Freude am Leben. Die Erkrankung zieht einen Schleier über das Leben, der alle Farben ausblendet und nimmt alle Hoffnung darauf, dass er sich jemals wieder hebt.

Das Brustkrebszentrum hat mich als ihre Therapeutin in einem Pilotprojekt beauftragt, ihnen Strategien für den Weg aus dem Dunkeln zu zeigen.

Mit solchen oder ähnlichen Worten fing die Vorstellung der ersten Therapiestunde an:

„Ich stelle mich vor, mein Name ist Dörthe Schmitt-Meier, ich bin Psychotherapeutin und arbeite schon seit einigen Jahren in einer Fachabteilung hier in dieser Klinik. In acht vorgesehenen Therapiestunden, immer an zwei Tagen in der Woche, werde ich sie an Bewältigungsstrategien heranführen, damit sie nach der Diagnose eine bessere Lebensqualität für sich finden können.

Da es sich um ein Pilotprojekt handelt, würde

ich sie bitten, nach dieser gesamten Therapie einen Fragebogen auszufüllen. Sie helfen uns damit, weitere Therapiekurse zu verbessern oder andere Therapieansätze zu wählen."

Nun saß ich hier, um mich herum 14 Frauen an großen in U-Form gestellten Tischen, alle mit vorangegangener Brustkrebsbehandlung. Es wurde mir hier zum ersten Mal bewusst, dass ich beim Anblick dieser vielen Frauen in diesem Raum nicht alleine war mit einer Angst, die man gar nicht beschreiben konnte.

Eine Mitarbeiterin, die ich sehr oft im Zentrum für Bestrahlung antraf, hatte mich vor einigen Wochen gefragt, ob ich Interesse an solch einem Pilotprojekt hätte, sie würde mich anmelden und mir bei dem nächsten Termin zur Bestrahlung den Wochentag, die Uhrzeit und die Räumlichkeiten mitteilen.

Spontan hatte ich zugesagt, was hatte ich zu verlieren? Zeit war es nicht. Es war die nackte Angst, mein Leben zu verlieren.

Vielleicht würde mir diese Therapie eine Lösung anbieten, mir auf wundersame Art und Weise über meine Perücke streicheln und dabei in mein Inneres die Worte einbrennen: „Hey, sorge dich nicht, es wird alles wieder gut."

Meine Hoffnungsträgerin, Psychotherapeutin Frau Schmitt-Meier, die ich vom Alter her auf ca. 40 Jahre schätzte, begann mit der ersten

Therapiestunde fortzufahren. Sie verteilte kleine Faltkarten und ein Schreibstift an jede von uns. Wir sollten auf die Karten unsere Vornamen schreiben und diese vor uns auf dem Tisch in ihre Richtung platzieren.

Dann begann die Vorstellungsrunde, jede der Frauen erzählte die allgemeinen Angaben, wie Alter, Wohnort, Familienstand, Kinder oder keine. Dazu ergab sich, dass vereinzelte Frauen von der gesamten Leidensgeschichte ihrer Brustkrebstherapie erzählten oder auch Erfahrungen von ihrer in der Vergangenheit überstandenen schweren Krebserkrankungen berichteten.

Eine Vorstellungsrunde, die optisch gesehen, auch wenn man ihre Aussagen außer Betracht lässt, keineswegs vergleichbar wäre mit dem Vorstellen in einer unbefangenen Frauenrunde. Denn jede dieser Frauen hier in diesem Raum hatte ihre Haare durch eine Chemotherapie verloren. Manche trugen Perücken, so wie ich, manche zogen ihre Mützen aus und zeigten ihr kahles Haupt. Jede Frau in diesem Raum, außer der Therapeutin, suchte Hilfe, eine Antwort warum es gerade sie mit diesem Krebs traf.

Die Psychotherapeutin war die einzige Frau in diesem Raum, mit eigener Haarpracht von dunklem, langem, lockigem und wunderschön

76

glänzendem Haar. Die Stimmlage der vielen betroffenen Frauen, die sich vorstellten, hörte sich sehr leise und zugleich ängstlich an.

Die Erkrankung nahm auch die Stimme in Besitz, bemerkte ich plötzlich hier. Nicht nur unsere Haare nahm sie, unsere Ziele, unsere Träume im Leben, nein, dieser verdammte Brustkrebs, er wollte auch erfahren, wie es sich mit allem Verlorenen so anhört.

Ob es der Psychotherapeutin Frau Schmitt-Meier bewusst ist, welchen riesigen Berg von Bewältigungsstrategien sie uns vermitteln muss bei diesem Pilotprojekt der Klinik bei posttraumatischer Begleiterscheinung nach Brustkrebs? Hatte sie überhaupt Erfahrung auf diesem Gebiet? Oder habe ich mir zu viel erhofft, von ihr nach nur wenigen Treffen schnelle Hilfe zu erhalten?

Ihre Stimme klang angenehm und sanft aber mit Zwischentönen von einiger Unsicherheit. Sie war schließlich auch eine Frau, die zu jeder Zeit auch diese Krebs-Diagnose erhalten konnte. Vielleicht wurde ihr dies durch unsere Anwesenheit erst richtig bewusst. Frauen, die fragten, was sie doch bloß falsch gemacht hätten daran zu erkranken. Sie, die doch immer gesund lebten, keine Laster wie Zigarette oder Alkohol hatten, regelmäßig Sport trieben, auf eine ausgewogene gesunde Ernährung achteten. Aufmerksam verfolgte sie die Aussagen jeder einzelnen Frau, dabei wandte sie sich nach der Vorstellungsrunde ihren Unterlagen zu, die sich vereinzelt auf ihrem Tisch befanden und sortierte sie. Es war aber ein Sortieren, das wirkte, als sei es eine Art tief Durchatmen für sie und sie schien sich selbst innerlich dabei sortieren zu müssen.

Wir alle mussten plötzlich aus diesem lebensbedrohenden Schicksalsschlag lernen, einen Ausweg zu finden und sie hatte in diesem Projekt die Aufgabe, eine passende Strategie für mehr Lebensqualität für uns zu finden.

Frau Schmitt-Meier verteilte Utensilien zum Zeichnen an uns. Unsere Therapeutin hatte beschlossen, nach der Vorstellungsrunde mit einer Zeichentherapie fortzufahren. Es war nun unsere Aufgabe mit zehn bunten Fasermalern einer namhaften Firma, eingebettet in eine Plastikummantlung, und einem DIN A 2 Blatt vor uns, bildlich unsere Situation und unsere jetzigen Empfindungen darzustellen.

Ein Blatt DIN A 2 mit den Maßen 42 x 59,4 cm lag vor den anderen Frauen und mir auf dem Tisch, ein riesiges weißes Blatt und Fasermaler in allen Farben zum Zeichnen.

Hatte sich unsere Therapeutin in der Größe der Blätter vergriffen? Und diese bunten Farben zum Malen. So bunt, warum gab sie nicht jeder von uns Frauen in diesem Raum einfach einen schwarzen Stift? War dies ein Teil der Therapie? Dieses riesige weiße DINA 2 Blatt, dass jetzt vor den anderen Frauen und mir lag, was sollte jetzt Großartiges darauf gezeichnet werden?

Sehen wir gleich alles fröhlicher durch diese bunten Farben, wenn wir unsere jetzige Situation oder Empfindungen bunt auf ein Blatt zeichnen?

Gibt es gleich in dieser Frauenrunde die ersten Therapieerfolge, jemand springt plötzlich auf und ruft: „Ja, sie ist wieder da, meine alte Lebensfreude!" Dank eines DIN A 2 Blattes und vieler bunter Fasermaler?

Es sind die Gedanken einer unbeschreiblichen gewaltigen Angst. Sie kreisen und kreisen im Kopf, lassen einen niemals innerlich zu Ruhe kommen. Sollte ich vielleicht viele große Kreise auf dieses DIN A 2 Blatt zeichnen?

Würde ein Format DIN A 10 nicht ausreichen, die Größenordnung von einer Briefmarke, um unsere jetzige Situation zu umschreiben, was Brustkrebspatientinnen als immerwährende, bestimmende und lahmlegende Empfindungen ihrer Situation zeichnen könnten? Oder sah ich das alles total falsch in dieser Therapiestunde, als die anderen betroffenen Frauen in diesem Raum? Später stellte sich heraus: Ich war nicht alleine mit dieser Überforderung, ein weißes DIN A 2 Blatt mit der Situation und den

Empfindungen nach der Diagnose Brustkrebs zeichnerisch zu gestalten. Geschweige dieses riesige Format künstlerisch bunt zum Ausdruck zu bringen. Beim Vorzeigen der großen Blätter und dem anschließendem Besprechen in der Gruppe sah ich nur Bilder mit dunklen Fasermalern gezeichnet. Eine überdimensionale Leere auf jedem DIN A 2 Blatt in unserer Frauengruppe.

In der Gestik unserer Therapeutin sah ich zunehmende Verunsicherung. Sie unternahm wieder eine kurze Auszeit, drehte sich zu ihrem kleinen Schreibblock und notierte wieder etwas, strich sich mit ihrer Hand durch ihr lang gelocktes Haar, sah in unsere Runde von kahlköpfigen Frauen im Therapieraum, brach dabei diese Geste abrupt wieder ab.

Ich hatte das Gefühl, ich könnte in ihren Augen lesen, dass, was sie damals erlernte, in ihrem Studium oder auf Fortbildungen, alles nur an die Theorie gebunden war.

Jetzt begegnete sie 14 Frauen mit der Diagnose Brustkrebs, hier in diesem Raum. Und sie sollte uns durch ein Pilotprojekt wieder unseren Lebensmut, unsere Hoffnung auf ein Leben hervorrufen. Ihr wurde bewusst, dass wir alle hier im Raum, genau wie sie, gegen einen erbarmungslosen, unsichtbaren Gegner kämpfen müssen, der in Niedertracht und Gemeinheit alle Macht der Frauen im

Raum an sich reißen will. Und sein niederträchtiger Name ist Krebs.

Nachdenkgeschichte 6

Sinnsuche

Ein älteres Ehepaar zog aus der Großstadt in ein kleines Dorf. In diesem Dorf, in dem sie jetzt wohnten, gab es einen langen Straßenzug von Häusern, in dem sich nur die Menschen aus der Stadt niederließen. Alle waren sich dort fremd, niemand war in die Dorfstruktur eingebunden. Es schien so, als ob diese Straße gar nicht zu diesem Dorf gehören würde, dabei war dieses Wohngebiet direkt an den alten Dorfkern angeschlossen.

Die Bewohner dieser Straße wohnten zuvor in verschiedenen Großstädten und waren in der Anonymität einer solchen Stadt geboren und aufgewachsen. Sie verbrachten ihre gesamte berufliche Zeit in dieser, was mit einem Leben in einem Dorf, seinen persönlichen Strukturen und prägenden sowie doch sehr persönlichen Lebensabläufen, überhaupt nicht vergleichbar war, wie das Zusammenleben der Menschen in einer Großstadt.

Die einzige Nähe hatten diese Bewohner einer ehemaligen Stadt zu den Dorfbewohnern, wenn sie in dem Wartezimmer des Allgemeinmediziners des Dorfes saßen. Nach einigen Monaten in dieser neuen Umgebung stellte das Ehepaar fest, dass sie plötzlich unter den gleichen Symptomen litten, es drehe sich alles im Kopf, wie eine Zentrifuge. Das Innerste wurde regelrecht nach außen geschleudert. Bilder verformten sich vor ihren Augen, so schnell wie sie dabei entstanden, verschwanden sie auch plötzlich wieder.

Sie beschlossen den Allgemeinmediziner in seiner Praxis im Dorf aufzusuchen. Als sie im Wartezimmer saßen, umgaben sie sehr viele Bewohner aus dem alten Dorfkern. Dabei konnte man bemerken, dass nur eine Geste von einem „Guten Tag" die Fremden aus diesem Straßenzug mit den alteingesessenen Bewohnern dieses Dorfes verband.

Als das Ehepaar nach einer Weile von einer Arzthelferin aufgerufen wurde und den Wartebereich verließ, tuschelten plötzlich die Dorfbewohner unter sich: „Das sind wieder Neue, die da in diesem Straßenzug wohnen."

Der Arzt ging ausführlich auf die körperlichen Beschwerden des Ehepaares ein, befragte sie nach deren bisherigen Zeitraum in ihrem neuen Zuhause und sprach anschließend eine genaue Diagnose aus. Er konnte vorab mit Sicherheit verschiedene schwerwiegende oder auch leichte körperliche Krankheitsbilder ausschließen. Dabei gab das Ehepaar einen erlösenden Seufzer von sich, denn sie hatten schon befürchtet, dass jetzt, wo sie doch einen geruhsamen Lebensabend gemeinsam an diesem Ort verbringen wollten, das Schicksal einer schweren Erkrankung sie beide treffen würde. Der Arzt fuhr fort, dass schon sehr viele Neubürger aus ihrem Straßenzug mit diesen Symptomen in seiner Praxis waren.

„Die radikale Veränderung für sie in dieser Umgebung macht sie offener für die Natur der Dinge. Es ist für sie eine neue Erfahrung, in diese Umgebung einzutauchen. Genau diese Einzelheiten bringen bei ihnen einen Prozess in Gang. Entweder genau wie bei ihnen, mit diesen Beschwerden oder auch ähnlichen Symptomen anderer Bewohnern aus ihrer Straße".

Das Ehepaar schaute sich an und fragte nach, was sie jetzt genau tun sollten gegen ihre Beschwerden. Der Arzt zitierte als Antwort eine Weisheit aus einem Buch der vielen Achtsamkeiten im Leben. Es bringe ihre Beschwerden genau in einem Satz auf den Punkt: „Ein klarer Blick bedeutet, die Dinge so zu sehen wie sie wirklich sind, nicht, wie wir sie gerne hätten!"

Kapitel 7

Die Beichte

Wieder war ein Treffen der Selbsthilfegruppe im Krankenhaus unter der psychologischen Leitung von Frau Schmitt-Meier beendet und ich beschloss, anschließend in der Stadt einige Einkäufe mit meinem Fahrrad zu erledigen. Die heutige Zeit in der Gruppe war für uns alle niederschmetternd.

Wir hatten in der Therapie durch mehrmaliges Nachfragen einiger beängstigter Frauen durch unsere Therapeutin plötzlich erfahren, warum eine junge Frau heute nicht in unserer Therapie anwesend war. Wir erfuhren, dass sie sich in der Klinik neben unserem Therapiegebäude wieder einer neuen Krebstherapie unterziehen musste. Dabei hatte sie erst vor kurzem ihren langjährigen Freund geheiratet, sie hatten gemeinsam diese schwere Zeit getragen.

„Nie werden wir gemeinsame Kinder haben", hatte sie ihm noch während ihrer aggressiven Chemotherapie mitgeteilt, aber das war ihm völlig egal. Ihre Liebe war so eine außergewöhnliche, so stark, ich hoffte so sehr, dass sie diese erneute Erkrankung wieder überstehen würde.

Das ist alles so ungerecht, warum trifft dieser Krebs diese junge Frau, die ihr ganzes Leben doch noch vor sich hatte. Meine Gedanken waren versunken in das Schicksal dieser Frau, denn sie erzählte noch beim letzten Treffen in der Gruppe über ihren tollen Ehemann und von ihrer Hochzeit vor kurzem und strahlte dabei ein so glückliches Wesen aus.

„Du kommst mit deinem Fahrrad hierher?", sprach mich plötzlich eine Frauenstimme an, als ich dabei war, mein Sicherheitsschloss vom Rad zu entfernen. Ich schaute mich um und sah Pia aus meiner Therapiegruppe neben mir stehen.

„Ja, wenn ich es körperlich hinbekomme", antwortete ich ihr. Sie fand es praktisch, zumal sie auf dem Land lebe und heute mit einer Bekannten in die Stadt gefahren war. Später würde sie mit ihrem Mann, der geschäftlich unterwegs wäre, gemeinsam wieder den Heimweg antreten.

„Wenn du noch Zeit hast, könnten wir irgendwo hingehen, um etwas zu trinken", forderte sie mich spontan auf. Dabei kratzte sie sich mit einem Finger an ihrer linken Seite ihrer Perücke. Sie war eine sehr schlanke Frau mit gepflegter Erscheinung, aber an der Farbgebung und der Struktur jedes einzelnen Haares an ihrer Perücke sah man sehr intensiv, dass es sich nur um Zweithaar handeln konnte.

Meine Zeit war grenzenlos und ich beschloss, mit meinem Fahrrad schiebend, neben Pia in Richtung Innenstadt zu gehen.

In einem Café fragte ich sie, als sie sich wieder an einer anderen Stelle der Perücke kratzte, ob sie des öfteren Probleme mit ihrem Zweithaar hätte. „Nein, meine Haare wachsen langsam wieder, ich habe momentan nur Flaumhaare auf dem Kopf." Stellenweise über den Tag verteilt juckt das ganz schrecklich oft unter meiner Perücke, vor allem dann, wenn meine Perücke Temperaturschwankungen ausgesetzt ist. „Trägst du auch eine Perücke?", fragte sie mich kurz darauf. Ich antwortete mit einem ja, aber dass sich noch kein einziges Flaumhaar darunter befindet.

Sie erzählte mir plötzlich, dass sie mich schon vor einigen Monaten vor unserer eigentlichen Therapie einmal auf dem Flur in der Klinik gesehen hätte. Ich schaute sie fragend an, versuchte in ihrem Gesicht zu erkennen, wie sie wohl vor der Chemotherapie, ohne Perücke ausgesehen hatte, als sie noch ihr eigenes Kopfhaar trug. Aber ich erkannte sie nicht, weder während meiner Brustoperation noch meiner gesamten Chemotherapie hatte ich bemerkt, dass sie jemals auf dem gleichen Zimmer wie ich auf der Station lag. „Ich habe dich damals gesehen, als sie dich in den OP-Saal gefahren haben. Da wird man sehr nah

87

am Wartebereich vorbeigefahren, wo auch die anderen betroffenen Frauen wegen Brustkrebs ihre Kontrolluntersuchungen haben. Als ich dich damals sah, dachte ich >schon wieder so eine arme Frau, die es getroffen hat.<"

Ja, erst jetzt konnte ich mich ganz dunkel und verschwommen an diese vielen Gesichter von Frauen erinnern, aber dass sie mich deshalb alle so anstarrten, war mir zu dem damaligen Zeitpunkt gar nicht bewusst gewesen. Erst jetzt wurde mir auch völlig klar, warum sie alle plötzlich aufschauten, zuvor noch in ihre Zeitschriften vertieft. Sie hörten plötzlich den Aufzug, das Pflegepersonal, die sich angeregt über irgendetwas unterhielten und mich dabei in einem Krankenbett in Richtung OP-Saal fuhren. Das war dann für die Anwesenden ein Zeichen zum schnellen Aufschauen.

Diese schon so vielen operierten Frauen nach der Diagnose und Therapie von Brustkrebs in diesem Wartebereich, sie sahen mich, meinen Startschuss, als ich über diese Schwelle zum Beginn eines langen Weges in eine absolute Hölle geschoben wurde.

Ich hielt immer noch meine Tasse Tee in den Händen, versuchte mich noch genauer an die Gesichter der Frauen zu erinnern und daran, ob sie alle eine Perücke trugen. Bis mich Pia mit der Frage „Was meinst du, warum wir an Brustkrebs erkrankt sind?" wieder aus meinen tiefen Gedanken riss. „Darum sind wir doch jetzt in dieser Therapie, um Antworten zu erhalten", sagte ich zu ihr. „Wir drehen uns doch nur im Kreis in dieser Therapie, findest du nicht auch?. Heute war die junge Frau nicht mehr bei uns, weil der Krebs wieder zuschlug. Wir werden bestimmt das nächste Mal noch weniger sein, weil eine oder auch mehrere es nicht geschafft haben, diesen unerbittlichen Kampf gegen diesen verdammten Krebs".

Wie sehr konnte ich jetzt Pia verstehen. Das, was sie gerade innerlich fühlte, was in ihr vorging. Ich konnte ihre aufgewühlten Gedanken genau verfolgen, diese Ohnmacht, dieses innere tiefe Schreien, diese wahnsinnige Angst, die immer präsent ist. Die einen wirklich nie zur Ruhe kommen lässt und wenn es jemanden trifft, den man kennt, schnürt es einem die Kehle zu. Weil es einen selbst das nächste Mal treffen kann.

Es kommt absolut nichts Normales in das eigene, doch nur betrübte Leben zurück. Immer nur diese verdammte Angst. „Pia, wir kennen doch nur einen Bruchteil der Therapieform dieser jungen Frau", versuchte ich sie und eigentlich auch mich irgendwie zu beruhigen. „Ich glaube, ich bin selbst an allem schuld", bekräftigte Pia ihre Vermutung, warum sie jetzt an Brustkrebs erkrankt sei. „Wie kommst du darauf?", fragte ich sie.

Pia fing an in ihren Sätzen plötzlich große Lücken zu hinterlassen. Es schien, als ob sie mir etwas wichtiges sagen wollte, sich aber gleichzeitig dafür schämte.

In der Therapiegruppe war sie, wie ich auch, eine von den wirklich sehr zurückhaltenden, stillen, verschlossenen Frauen. Man konnte auch in dieser Gruppe genau beobachten, dass die Frauen, die eine für uns weniger schlimme Krebstherapieform vor kurzem überstanden hatten, manche sogar ohne Bestrahlung und Chemotherapie, sich mittlerweile viel besser in den Gesprächskreis einbrachten, als bei den anderen Frauen und mir, die mit allen nur erdenklichen Therapieformen bei Brustkrebs behandelt wurden. Manchmal kam es mir in den verschiedenen Therapiestunden auch so vor, dass die hochgradig therapierten Frauen die weniger therapierten Frauen nur durch ihre Anwesenheit aufbauten.

„Wir haben leider keine Kinder, mein Mann und ich", sprach Pia weiter. „Ich bin oft sehr einsam in unserem großen Haus auf dem Land, weil mein Mann aus beruflichen Gründen viel unterwegs ist. Und da ist es halt passiert."

Ich schaute Pia nur an, weil ich jetzt nicht mehr verstand, was sie mir mitteilen wollte.

„Naja", sprach sie weiter, „der Nachbar kam dann zu mir. Mein Mann war kaum zur Haustür heraus, da kam mein junger Nachbar durch unseren großen Garten zur Terrassentür herein". Ich stellte meine Tasse Tee langsam auf den Tisch. Pia erzählte weiter, dass sie kurz bevor sie ihre Diagnose Brustkrebs erhielt, für ihren Mann eine riesige Überraschungsparty zu seinem runden Geburtstag organisiert hatte. Alles habe sie für ihn alleine geplant, ihr Mann wollte keine Feier, wollte mit ihr wegfahren. Aber das mussten sie kurzfristig durch seine beruflichen Verpflichtungen, auf einen späteren Zeitpunkt verschieben.

Nichts hatte er von ihrer Planung für eine große Geburtstagsparty mitbekommen, sie hatte ihm nur mitgeteilt, dass nur sie beide an seinem besonderen Ehrentag irgendwohin geschmackvoll essen gehen würden. Sie hatte einen Catering-Service aus dem Ort beauftragt, alle Verwandten, viele gemeinsame Freunde, Bekannten und ihren Nachbarn eingeladen mit der Bitte, ihm nichts davon zu sagen, weil es eine Überraschung für ihren Mann werden sollte.

„Das soll deine Schuld sein, um an Brustkrebs zu erkranken?", schwenkte ich mich in ihre Erzählungen ein. Nein, das meine sie jetzt nicht. Sie erzählte weiter von der eigentlich tollen Geburtstagsparty für ihren Mann. Sie hatte für diesen Tag einen Oldtimer in der Auffahrt ihres Anwesens organisiert, zog sich im Laufe der Party schnell um, wechselte ihre Garderobe zu reizvollen Dessous, zeigte ihrem Mann und seinen Gästen sowie ihrem Nachbarn, wie sie sich bei sinnlicher Musik auf der Haube eines Oldtimers sehr aufreizend bewegen konnte. Dabei waren ein dicker Schwamm mit einem Eimer voller Schaum ihre Helfer. Sie wurde immer leiser in ihren Erzählungen und sagte: „Das war nicht für meinen Mann, sondern für meinen Nachbarn." Ich fragte sie nach der Resonanz bei ihren Partygästen. Sie sagte nur „Es war ein großer Skandal!" „Du meinst jetzt, dass du deswegen an Brustkrebs erkrankt bist? Die Affäre mit deinem Nachbarn und dann noch dein Auftritt auf der Geburtstagsfeier?" ‚fragte ich nochmal genauer nach. „Was sonst?", gab sie mir als Antwort. „Ich lebe gesund, bin sportlich aktiv, habe niemals geraucht, trinke nur absolut selten Alkohol... das kann es doch nur sein!"

Ich lehnte mich an die Stuhllehne zurück und dachte dabei an zwei ältere Nonnen, die doch noch vor wenigen Monaten während meiner Zeit in der Therapie für meine Chemogabe auch auf meinem Zimmer lagen. Sie waren in früheren Jahren auch an Brustkrebs erkrankt, zumindest erzählten sie mir das damals. Sprachen mir Mut zu, dass ich diese Erkrankung auch bestimmt überstehen werde. Aber warum sie wieder auf dieser Station der

Onkologie in meinem Zimmer lagen für eine Behandlung, habe ich nicht erfahren.

Was hatten sie im Laufe ihres Leben als Nonne unrechtmäßiges getan, wenn Pia für sich ein schwerwiegendes Verhalten als Grund für ihre Krebserkrankung anführt?

Was hatte ich überhaupt in der Vergangenheit verbrochen, wenn Pia sich sicher war, dass es einen Grund gibt, wenn man an Brustkrebs erkrankt.

„Warum hast du dies nicht zuvor bei der Therapeutin geäußert", fragte ich Pia.

„Weil ich das nicht vor den anderen Frauen vortragen wollte. Du bist die einzige, der ich das bisher anvertraut habe." „Wie geht es bei dir jetzt weiter, mit deinem Nachbarn?", fragte ich sie ohne Umschweife. „Der Kontakt besteht nicht mehr", sagte sie mir daraufhin.

Pia kam die darauffolgenden Therapiestunden nicht mehr. Ich fragte doch sehr verunsichert bei der Therapeutin nach, ob sie den Grund kenne, warum ich Pia nicht mehr in der Therapiestunde antraf. Sie sagte mir nur, sie habe diese Therapieform abgebrochen, um einen anderen Weg der Hilfe zu erhalten.

Ich habe nie erfahren, ob Pia den Kampf gegen den Krebs gewonnen hat.

Als meine Haare wieder nach kurzer Zeit anfingen zu wachsen, aber noch viel zu kurz waren, um mich ohne Perücke in der Öffentlichkeit aufzuhalten, musste ich auch unweigerlich an Pia denken. Sie, die immer mit ihrem Finger an der Perücke kratzte. Jetzt konnte ich sie auch vollkommen verstehen, wie unangenehm es sich auf der Kopfhaut anfühlte. Dieses Jucken, bei dem man am liebsten mit allen zehn Fingern kratzen wollte. Genau wie es Pia damals beschrieb. Am schlimmsten kam es einem wirklich extrem bei Temperaturschwankungen vor. Ich hatte für mich beschlossen, während dieser langsamen Wachstumsphase mich nicht kratzend in der Öffentlichkeit an meinem Zweithaar immer zu vergehen. Stattdessen wartete ich immer bis zu einem gewissen Punkt, bis es absolut nicht mehr auszuhalten war. Dann tut man so, als ob man überaus dringend auf die Toilette müsse und suchte, wenn ich unterwegs war, in der Öffentlichkeit eine Toilette auf. Ich ging in die Kabine, verriegelte die Tür, zog meine Perücke aus, klemmte sie zwischen meine Beine und massierte meine Kopfhaut bis dieses entsetzliche starke Jucken nachließ. Zwischendurch betätigte ich die Spülung der Toilette, mein Aufenthalt sollte irgendwie authentisch wirken für die anderen Frauen, die sich auch auf der Damentoilette aufhielten.

Nach wenigen Minuten hatte sich mein Kopfhautjucken beruhigt und ich setzte meine Perücke wieder auf, als wenn ich eine Mütze aufsetzen würde. Schob sie etwas hin und her, bis ich die Konturen der Perücke an den Ohren genau fühlen konnte, verließ die Toilettenkabine und begab mich zum Waschbecken vor dem immer ein Spiegel hing. Ich fing an meine Hände lange zu waschen und war dabei sehr erleichtert, wenn die Perücke beim Blick in den Spiegel bis auf winzige Korrekturen bei der Frisur direkt saß. Zuhause hatte ich das für den Ernstfall geübt und dabei stellte sich heraus, dass sich meine dunkle Kurzhaarperücke hervorragend dazu eignete.

Nur durch dieses zufällige Treffen mit Pia hatte ich ihr zu verdanken, dass ich darauf vorbereitet war und mir diese unangenehmen Situationen in der Öffentlichkeit erspart blieben.

Nachdenkgeschichte 7

Sekunden Spiegel

„Bitte bleiben Sie still liegen", sagte sie und drückte dabei die Patientin sanft wieder zurück in ihr Kopfkissen.

„Lassen Sie mich", keuchte die Kranke der Pflegerin zu und versuchte dabei immer wieder den Kopf zu heben. „Wenn ich nicht aufstehen darf, um im Bad vor den Spiegel zu treten dann bringen Sie mir sofort einen Handspiegel!", forderte die Patientin in einem forschen Ton. „Der Oberarzt hat dies aber ausdrücklich verboten", erwiderte die geduldige Pflegerin, „auch wurden wir ausdrücklich vom Oberarzt darauf hingewiesen, dass Sie immer still liegen müssen." „Der Oberarzt, der Oberarzt", äffte die Kranke ihr nach, „der hat doch gar keine Ahnung!"

„Wir haben uns aber alle hier auf dieser Station den Anordnungen vom Oberarzt zu fügen, auch die Patienten", antwortete die Pflegerin in einem ruhigen, sanften Ton. „Dann soll sofort ein Professor zu mir kommen, der ist bestimmt anderer Meinung", befahl die Patientin herrisch. „Der zuständige

Professor befindet sich gerade im Operationssaal, da darf absolut niemand von außerhalb hinein und stören", antwortete die Pflegerin. „Ich möchte jetzt umgehend einen Spiegel um mich zu betrachten oder ich schreie Ihnen hier und jetzt die ganze Station auf dieser Etage zusammen", forderte die Patientin in einem hellen und schrillen Ton die Pflegerin auf.

„Haben Sie doch Geduld." Die Pflegerin blieb die Ruhe selbst. „Wie lange muss ich warten?" „Das kann ich Ihnen jetzt leider auch nicht genau sagen, ich kenne leider den heutigen Operationsplan des Professors nicht." „Warten, warten. Geduld, Geduld... Was soll das denn hier?", fuhr die Patientin zornig auf. „Ich will aber nicht mehr warten und Geduld habe ich auch keine mehr."

Die junge Pflegerin trat etwas näher und sah die Patientin mittlerweile etwas genervt an. „Sie sind doch ein erwachsener Mensch, wollen sie denn wirklich etwas Unmögliches erzwingen?" „Sobald ich hier entlassen werde, da können Sie Gift drauf nehmen, werde ich allen in meinem Ort erzählen, wie unfähig sie hier sind!" Dabei blickte sie die Pflegerin mit verengten, boshaften Augen an.

Erst jetzt wurde der Pflegerin klar, dass diese Patientin aus einem bestimmten Ort kam, in dem diese Bewohner in der Stadt gefürchtet waren. In diesem Ort, von dem überall bekannt war, dass dort alle Bewohner in tiefem, andauerndem Unfrieden wohnten. Wo diese Menschen sich immer gegenseitig erzählten, was ein anderer Bewohner in diesem Ort angeblich an Unfassbarem getan oder auch wie er falsch gehandelt haben soll.

Und dieser Zustand war schon lange so. Neid und ständige Missgunst hatten sich unter den Bewohnern dieses Ortes ausgebreitet wie eine schleichende Pest.

Ihr Verhalten war über die Jahre zuerst selten und unmerklich, dann aber unhaltbar. Bis alle Bewohner aus diesem Ort ohne auch nur eine einzige Ausnahme, eine tiefe Unzufriedenheit, Leere und Kälte ausstrahlten. Kein einziges Geschäft gab es in diesem Ort. Niemand von außerhalb, der diese Bewohner kannte, wollte jemals dort wohnen.

Aber diese junge Pflegerin hatte nun mal bei dieser älteren Patientin Dienst, und als sie sich gerade überlegte, welche Worte sie ihr zur Beruhigung noch sagen konnte, öffnete sich die Zimmertür und der Professor betrat den Raum. „Da sind Sie ja endlich! Ich will einen Spiegel um mich zu betrachten", forderte die Patientin den Professor sofort mit einem Kommandoton auf. „Den habe ich dabei", erwiderte er ihr nur kapp und monoton in der Aussprache.

Die Pflegerin entfernte das große Pflaster auf der Stirn der Patientin und diese betrachtete sich lange mit ernster Miene im Handspiegel. Sie stellte mit Entsetzen fest, dass die große Zornesfalte auf ihrer Stirn trotz einer mehrstündigen Operation noch immer nicht verschwunden war.

Kapitel 8

Die Tätowierung

Ich schaute schon wieder an diesem späten Nachmittag aus dem Fenster in einen grauen Himmel voller Regenwolken über der Stadt. Laut Wetterbericht war sehr starker Regen den ganzen Abend gemeldet und ich hatte gerade zu dieser Zeit eine Verabredung mit einigen Frauen in der Innenstadt von Trier.

Wer zufälligerweise meinen Wohnort kennt, der sich in unmittelbarer Reichweite zur wunderschönen Innenstadt von Trier befindet, versteht nun überhaupt nicht warum dies ein Problem darstellen könnte: keine langen Anfahrtswege mit dem Fahrzeug, keine lästige Parkplatzsuche, alles ist fußläufig auch bei schlechtem Wetter schnell erreichbar.

Das Verstehen meines Gegenübers nimmt auch nicht gerade zu, wenn ich sage: „Der Weg ist mir fußläufig zu weit, ich fahre dann lieber mit dem Rad." Vor allem bei meinen Freunden, die außerhalb der Stadtgrenze wohnen, stoße ich dabei doch auf vereinzelt verständnislose Gesichtszüge, die in mir aber immer das Verständnis hervorrufen, dass sie einen total anderen Entfernungsblickwinkel haben als ich.

Die Verabredung heute mit dem Fahrrad zu erreichen wird auch bei diesem starken Regen mein Ziel sein. Und so beschließe ich mein Regencape anzuziehen, die Kapuze überziehen, Handtasche umzuhängen, aufs Rad zu steigen und zu meiner Verabredung los zu radeln. Unterwegs verweilen meine Gedanken plötzlich bei dem bevorstehenden Abend.

Nach drei Wochen haben wir wieder eine Verabredung. Fünf Frauen, die sich vor vielen Monaten in einer Therapiegruppe in einer Klinik von Trier kennenlernten. Werden alle zum Treffpunkt kommen? Geht es allen gesundheitlich gut? Hat Anna ihren Wunsch in die Wirklichkeit umgesetzt? Anspannung durchzieht plötzlich meinen Körper, Angstgedanken wollen sich in mir schnell verbreiten. Ablenken, noch ca. 50 Meter, dann links mit dem Rad abbiegen und der genaue Ort der Verabredung, eine Pizzeria, ist erreicht. Ich fing an in Gedanken die Entfernung zu zählen: noch etwa 40 Meter, jetzt nur noch 31 Meter... siebzehn... sechs... jetzt nur noch drei. Der Regen hatte unterwegs aufgehört. Das bemerkte ich aber erst, als ich vom Rad abstieg und sich meine Hosenbeine trocken anfühlten. Zu sehr war ich versunken in die Angstvorstellung und den Versuch, mich irgendwie gedanklich abzulenken.

Und doch, jetzt, nur noch ein paar Schritte vor dem Eingangsbereich der Pizzeria ist sie wieder da, diese Angst, diese unbändige Anspannung in meinem ganzen Körper. Werden alle Mädels zu unserem Treffpunkt kommen oder kann jemand nicht mehr heute bei uns sein, weil ein Mädel wieder eine Kontrolluntersuchung hatte bei der etwas schlimmes entdeckt wurde?

Als ich die Räumlichkeiten der Pizzeria betrat, sah ich sofort Anna und die anderen. Herzlich begrüßten wir uns gegenseitig, unsere Freude uns wiederzusehen war riesig. Neben Helena war noch ein Sitzplatz frei und ich setzte mich dort hin. Wir stellten fest, dass wir fünf Mädels kurz hintereinander an unserem Treffpunkt ankamen und durch mein Eintreffen die Gruppe nun komplett war.

Kurze Zeit später war unser Augenmerk auf Anna gerichtet, sie, die bei unserem letzten Frauentreff von einem außergewöhnlichen Eingriff erzählte der ihr bevorstand. Bis es Tina nicht mehr aushielt und plötzlich fragte: „Anna, erzähl uns mal, hast du deinen gewünschten Eingriff gut überstanden?" Anna wollte gerade anfangen zu erzählen, da stand auch schon der Kellner mit den Speisekarten am Tisch und wollte die Bestellung unserer Getränke aufnehmen. Kaum hatte er uns wieder den Rücken zugewandt, kam es voller

Begeisterung aus Annas Mund: „Ja ich bin jetzt tätowiert und es schaut fantastisch aus!" Anna erzählte weiter, wie sie diesen Eingriff bei einem spezialisierten Tätowierer machen ließ. Sie war begeistert von dem perfekten Farbton, den Einzelheiten dieser Vorgehensweise und dass dies für sie sogar ohne jegliches Empfinden von Schmerzen abgelaufen war.

Wir freuten uns mit Anna, denn es war für uns als kämen wir der Normalität in unserem Leben wieder einen kleinen Schritt näher. Wir trafen uns nicht, um untereinander mit voller Begeisterung die neuesten Koch- oder Backrezepte auszutauschen, die es neuerdings in den Frauenzeitschriften gab, oder ähnliche Gesprächsthemen, die uns momentan in unserer anderen Lebenssituation als banale Dinge vorkamen. Nein, wir fünf Frauen an diesem Tisch hatten eine andere, viel tiefere, außergewöhnliche Ebene. Eine Verbindung, was auf unser gemeinsames Schicksal zurückzuführen war, wenn wir uns regelmäßig trafen. Ein besonderes Verständnis von Mut und auch Hoffnung zum gegenseitigem stützen, welches uns immer gegenseitig aufbaute und uns erlaubte, dass wir uns jetzt mit Anna über ihre sehr kleine, aber hoffnungsvolle Tätowierung sehr freuten. Zwischen dem Servieren der Getränke und der

Auswahl der Speisen, bis zu der Bestellung dieser, unterhielten wir uns über die verschiedensten Themen, die jedes einzelne Mädel von uns sehr beschäftigte. Aber immer wieder kamen wir auf das Tattoo von Anna zurück. Die Neugierde unserer Frauengruppe brach nicht einfach ab, ganz im Gegenteil, sie stieg kontinuierlich an. Solch eine Tätowierung hatte noch niemand von uns gesehen. Nach einer gewissen Zeit äußert Heike direkt an Anna gerichtet den Wunsch: „Dürfen wir dein Tattoo mal anschauen?"

„Na klar", antwortete Anna spontan. Nur wie und wo fragten wir uns gegenseitig, denn Anna trug ihr Tattoo an einer Stelle, die es nicht ermöglichte diese einfach an unserem Tisch in der Pizzeria zu präsentieren. Auch war es vor dem Lokal oder einem anderen öffentlichen Platz undenkbar. Es wurde ein Gelächter unter uns, als auf einmal ein Mädel von uns auf die Idee kam eine Taschenlampe zu organisieren, um nach dem gemeinsamen Essen einen dunklen, abgelegenen Ort in der Innenstadt aufzusuchen, um dort genau das Tattoo von Anna mit der Taschenlampe anzustrahlen und zu betrachten. Wir lachten alle plötzlich sehr laut und total entspannt an unserem Tisch, dabei war der Anlass für diese Tätowierung von Anna so verdammt traurig. Vor Monaten hatten wir alle an diesem Tisch eine

Brustkrebsbehandlung überstanden. Wir saßen hier: Anna, Helena, Tina, Heike und ich, mit den in der Vergangenheit unterschiedlichsten vorangegangenen Krebstherapieformen. Mit kurzem Kopfhaar wegen der Chemotherapie, mit langer Haarpracht, weil bei einem Mädel keine Chemotherapie durchgeführt werden musste. Brusterhaltende Operationen bei fast allen an unserem Tisch. Bis auf eine Ausnahme. Ein kompletter Brustaufbau mit der Erfüllung des sehnlichsten Wunsches, sich wieder als vollwertige Frau zu fühlen. Anna wurde bei der Brustoperation die ganze Brust entfernt, doch sie ließ sie wieder aufbauen und jetzt trägt sie eine besondere Tätowierung genau dort an der Stelle, wo sich an der Brust der Vorhof und die Mamille befindet.

Können Orte genauso lebensbestimmend sein wie Erfahrungen? Existieren also nicht nur diese anderen Schlüsselmomente, sondern auch besondere Schlüsselorte? Vielleicht nur selten, aber wir fanden einen besonderen Ort zum Betrachten des Tattoos. Aus unserer Frauengruppe kam plötzlich ein Vorschlag: die Damentoilette der Pizzeria wäre doch eine Möglichkeit. „Das müsste funktionieren", war auch Anna sofort mit diesem Vorschlag von einem Mädel einverstanden. Wir hatten eine Lösung gefunden, wenn auch eine außergewöhnliche, denn welche Frau geht schon auf die Damentoilette um die tätowierte Brust einer anderen Frau zu betrachten. Aber unsere Lebenssituation war auch zu diesem damaligen Zeitpunkt eben außergewöhnlich anders.

Schnell hatten wir beschlossen, dass Anna auf der Damentoilette auf uns warten würde und wir in Duett-Folge ihr Tattoo betrachten. Es würde bestimmt nicht zu sehr das Augenmerk der anderen Gäste in dieser voll besetzten Pizzeria auf uns richten, wenn immer zwei Frauen an unserem Tisch kurz hintereinander die Damentoilette aufsuchen würden. Und wenn schon, hatten wir uns nicht schon längst an diese anderen Blicke gewöhnt? Ich entschloss mich, mit Heike die letzte Gruppe zu bilden. Anna ging voran, kurz danach Tina mit Helena. Gespannt schauten Heike und ich in Richtung Toilettentür. Kurz darauf öffnete sich die Tür und die beiden kamen zurück an unseren Tisch, in ihren Gesichtern ein Strahlen mit der Aussage: „Es schaut total toll aus, so natürlich und echt, wunderschön! Geht schnell, Anna wartet auf euch." Als Heike und ich die Damentoilette betraten, rief Anna plötzlich hinter der angelehnten Tür einer Toilettenkabine: „Mädels, seid ihr es?" Als wir uns zu erkennen gaben, öffnete Anna vorsichtig die Toilettentür, blieb im Türrahmen stehen um einen Sichtschutz für sich zu bewahren, falls doch noch eine andere Frau zu diesem Zeitpunkt die Toilette betreten würde und dabei diese Situation mit uns Frauen falsch verstehen sollte. Anna schob ihren Pulli samt ihres BHs mit einem Ruck Richtung Kinn und wir sahen den natürlichen Brustaufbau einer Brust mit einer perfekt tätowierten Mamille und Vorhof. Ihre Brüste sahen so gleich aus, so perfekt, auch den Farbton beider Brustwarzen und deren Vorhöfe hatte der Tätowierer hervorragend gleichfarbig geschaffen. Später stellten wir fest, dass merkwürdigerweise keine andere Frau diesen für uns absolut zweckentfremdenden Ort der Damentoilette in dieser gut besuchten Pizzeria zur gleichen Zeit aufsuchen musste. Wir hatten ihn ganz für uns alleine, diesen besonderen und auch außergewöhnlichen Ort, für die Betrachtung einer wunderschönen, natürlich aussehenden, tätowierten Brustwarze mit einem Vorhof nach einem erfolgreichen Brustaufbau bei Anna.

Nachdenkgeschichte 8

Die vergessenen Gräber

Wie jedes Wochenende spazierte der kleine Junge mit seinem Opa auch diesen Samstag zum Friedhof. Dieses Mal hatten sie einen Tragekorb mit den ersten Frühlingsblühern dabei.

Manchmal, wenn sie zum nahegelegenen Stadtfriedhof gehen, nehmen sie eine Gießkanne mit. Ein anderes Mal eine kleine Hacke, um die Erde auf dem Grab aufzulockern und Unkraut zu entfernen oder sie nehmen eine Grabkerze mit und Streichholz zum Anzünden. So lange sich der kleine Junge erinnern kann, geht er mit seinem Opa jeden Samstag zum Friedhof. Dabei ist es egal, wie schlecht die Witterungslage auch sein mag.

Wenn der Junge dann mal sagt: „Opa, heute ist doch so schlechtes Wetter, lass uns heute nicht zum Friedhof gehen!", erwidert der Opa: „Es gibt kein schlechtes Wetter, nur schlechte Kleidung. Wir werden uns dem heutigen Wetter entsprechend schützen und gehen, mein Kleiner!"

Dann schlendern sie über die Wege vom Stadtfriedhof, der immer derselbe ist, schauen rechts und links auf die Gräber, die sich dort befinden. Sie haben nie ein festes Ziel auf dem Friedhof, denn sie haben weder Angehörige noch irgendwelche Freunde oder Bekannte, die dort beigesetzt wurden. Es sind fremde Gräber, Ruhestätten fremder Verstorbener.

Manchmal müssen sie lange über diesen großen Friedhof gehen, um ein pflegebedürftiges Grab zu entdecken und manchmal haben sie kaum das Eingangstor des Friedhofs passiert, dann verweilen sie sofort an einem Grab und beginnen mit ihrer Arbeit. Weder der kleine Junge noch sein Opa sehen dies aber als Arbeit, sondern eher als einen freudigen Auftrag. Ein Auftrag, der irgendwann für die beiden begann.
Immer wenn sie ein Grab pflegen, mit Blumen bepflanzen oder eine Kerze anzünden, sind sie die einzigen, die sich um dieses verlassene Grab kümmern. Denn der kleine Junge und sein Opa pflegen nur Gräber von Verstorbenen, die keine Angehörigen mehr haben.
Es kam auch schon mal vor, dass sie an einem Grab standen und feststellten: hier haben sie schon mal das Grab mit Blumen bepflanzt und regelmäßig immer wieder aufgesucht, um nach dem Rechten zu sehen, und auf einmal wurde

es weiterhin gepflegt. Nicht von ihnen, nicht vom Landschaftsgärtner, der einen Auftrag zur Grabpflege hatte, sondern es musste jemand sein, der diesen Verstorbenen kannte.

Denn wer sonst, als der Opa mit seinem Enkel, würde eine fremde Grabstätte auf diesem großen Stadtfriedhof pflegen? Wenn sie manchmal dieses Erlebnis hatten, empfanden die beiden immer eine Freude. Dabei gingen sie zufrieden und glücklich weiter und suchten andere verlassene Gräber, um diese auch zu pflegen.

Kapitel 9

Der andere Freundeskreis

Irgendwie versuchte ich im Laufe der Monate nach der Chemotherapie ein Seil zu ergreifen, um mich heraufzuziehen in Richtung Horizont. Dort, wo die Sonne wieder scheinen würde. Ich wollte aus diesem dunklen Tal heraus, denn es war für mich keine Lebensqualität, wenn ich rund um die Uhr Angst hatte einen Rückfall zu erleiden. Diese Angst wurde durch meine regelmäßigen Kontrolluntersuchungen in der Klinik immer wieder verstärkt.

Mein Kopfhaar, meine Wimpern und Augenbrauen waren mittlerweile nachgewachsen. Dabei war mein Kopfhaar schon so lang, dass ich mich wieder ohne Perücke oder einer Mütze in der Öffentlichkeit bewegen wollte.

Ich versuchte alle möglichen Übungen für eine innere Entspannung, jedoch brachten diese mir zu diesem Zeitpunkt überhaupt nicht den erhofften Erfolg.

Meine Angst war so sehr in meinen Körper eingemeißelt, dass ich mich gedanklich auf keine einzige Art von diesen Entspannungsübungen konzentrieren konnte.

In dieser Zeit schlug mir meine Freundin Eva vor, ich könnte mit ihr und einigen Bekannten eine Messe für Esoterik in Saarbrücken besuchen. Sie wollte endlich Lösungen für ihre private Lebenskrise und ich wollte Lösungen, wie ich mit diesen stetigen, mir vollkommen unbekannten, starken Angstattacken umgehen konnte.

Eva erzählte mir von ihrem letzten Besuch dieser Messe und dass sie dort ihren Traumfänger, der in ihrem Schlafzimmer hing, erworben hätte. Seit dieser Zeit würde sie auch viel besser schlafen. Auch würde dieser uralte außergewöhnliche Brauch bis zu den Indianern zurückreichen, die der Überzeugung sind, dass sich im Traumfänger die bösen Träume verfangen.

Als ich Eva nach dem Aussehen eines Traumfängers fragte, erklärte sie mir, dass ihrer folgendermaßen aufgebaut sei: ein Ring aus Holz, im Durchmesser etwa so groß wie eine Untertasse, außen mit naturfarbenen Federn geschmückt; innerhalb des Rings sind dünne Fäden gespannt, ähnlich wie bei der Vernetzung eines großen Spinnennetzes, deshalb könnten sich darin auch die schlechten Träume verfangen. Bei der Erklärung von Eva über den Sinn eines Traumfängers stellte ich mir gedanklich vor, dass ich mir vielleicht einen Angstfänger in Form eines Traumfängers kaufen könnte. Dieser Angstfänger könnte meine Ängste fangen. Wenn es mit den bösen Träumen funktioniert, warum nicht auch mit den bösen Ängsten?

Er müsste im Durchmesser mindestens die Form eines Wagenrades haben und innen mit einem dicken Seil bespannt sein. Federn eines Condors müssten meinen Angstfänger schmücken. Er müsste diese überdimensionale Form haben, denn er bräuchte genügend Platz für meine immerwährenden kreisenden Ängste, dass irgendwo in meinem Körper ein Rezidiv auftreten könnte.

Das könnte doch vielleicht bei einer meiner vielen Kontrolltermine in der Klinik geschehen. Sie stellen plötzlich etwas schreckliches fest. Dann würde wieder eine neue Therapie-Odyssee für mich beginnen, vielleicht dieses Mal ohne Aussicht auf irgendeinen Erfolg. Das löste in mir eine unvorstellbare, lähmende Angst aus.

Pünktlich war ich zum vereinbarten Treffpunkt an diesem Samstag am Hauptbahnhof. Eva wartete schon dort mit ihrem Bekannten auf mich. Sie stellte mir Marius vor, einen angehenden Heilpraktiker und Rosalie, eine mediale hellsichtige Kartenlegerin. Eine total interessante Mischung von verschiedenen Persönlichkeiten begab sich auf die Fahrt zur Esoterikmesse nach Saarbrücken.

Die Bahnfahrt dorthin verging sehr schnell. Gespannt und neugierig hörte ich Rosalie und den anderen bei ihren Erzählungen zu, welche Erfahrungen sie schon auf den vergangenen Esoterikmessen gesammelt haben. Es wurde auch besprochen, dass es sinnvoller sei, wie bei jeder dieser Messen die sie besuchten, dass jeder für sich die Halle erkunden sollte. Jeder hätte andere Interessen, die Messe wäre nicht riesig, man würde sich immer wieder begegnen.
Als wir das Messegebäude betraten, sah ich von weitem ein riesiges Poster an einer Wand hängen, ein Fotodruck aus der Natur, ein Panorama mit sattgrünen Wiesen und strahlend hellblauem Himmel. Unterbrochen war dieses wunderschöne Motiv durch verschieden hohe Bergspitzen. Diesen Stand musste ich mir näher anschauen. Was verbarg sich hinter diesem Naturbild? Als ich näher kam, sah ich einen älteren Herren und eine grauhaarige Dame an einem langen Tisch stehen, der sich vor diesem großen Naturposter befand. Auf dem gesamten Tisch lagen verschiedene pastellfarbene Stapel von Broschüren. Sie

waren alle nach Farben sortiert und immer nur mit einem großen Wort bedruckt: „Berichte". Kein einziges schönes Bergpanorama oder ein schönes himmelblau war auf den Deckseiten der Broschüren zu sehen. Warum überhaupt dieses wunderschöne Poster, wenn sich davor doch nur einfache farblose Broschüren befinden? Vielleicht sollte ich Abstand gewinnen von einer sonstigen bunten Farbgestaltung an Broschüren die ich bisher in meinem Leben außerhalb dieser Messe schon in den Händen hielt.

Es soll vielleicht in der Esoterik genau das darstellen, dass die Konzentration auf den Inhalt fokussiert wird und kein Farbspektakel geboten wird, wie zum Beispiel bei einer Urlaubsbroschüre. Da ich noch nie zuvor in meinem Leben eine Messe für Esoterik besucht hatte, sagte Eva zuvor auf dem Weg zur Messe zu mir, ich solle einfach alles auf mich wirken lassen. Alles hätte eine positive Schwingung, ich würde bestimmt auch diese Energie spüren, die viele Stände auf dieser Esoterikmesse abgeben.

Die Dame hinter dem Stand bemerkte wohl meinen irritierten Blick auf diese Broschüren. Vielleicht lag es auch daran, dass sich zu diesem Zeitpunkt niemand außer mir für diesen Stand interessierte, jedenfalls fragte sie mich: „Kennen Sie unseren Freundeskreis?"

Mein Blick wandte sich von den Broschüren ab, ich schaute die Dame an und verneinte ihre für mich doch sehr irritierende Frage. Bevor mein Verstand mich zum Weitergehen motivieren wollte, weil ich weder eine Energie an diesem Stand verspürte, noch etwas sah, was mich aus meinen Angstzuständen befreien könnte, fing die grauhaarige Dame hinter dem Stand an mir von diesem Freundeskreis genau zu erzählen: „Wir sind Freunde von Anton Versahig. Er lebt allein in einem abgelegenen Bauernhaus in den Bergen. Er besitzt Urkräfte und sein Bauernhaus umgibt ein Energiefeld, weshalb sehr viele Menschen aus der ganzen Welt zu diesem Bauernhaus in die Berge pilgern. Sehr viele sind allein durch die Kraft der Umgebung von Anton Versahig geheilt worden. Alle körperlichen Beschwerden eines Menschen verschwinden ganz plötzlich, er ist für uns ein Heiler. Wir informieren über seine Heilungen in diesen vielen Broschüren." Dabei glitt ihr ausgestreckter rechter Arm langsam über die gesamte Ausstellungsfläche des langen Tisches. „In unseren vielen Broschüren berichten alle geheilten Personen. Nehmen Sie sich ruhig Infomaterial mit, die Kontaktadresse von unserem großen Freundeskreis steht auf der Rückseite." Die ältere Dame nickte mir zu und schaute mir dabei freundlich ins Gesicht. Als ich den Stand verließ, hielt ich zahlreiche

Broschüren in Pastelltönen in der Hand, die inhaltlich von Personen verfasst wurden, die ihre Heilung in kurzen Schriftpassagen erzählten. Auf allen war zu lesen: „Heilung durch Anton Versahig". Ich steckte sie in meine Handtasche und beschloss sie während der Heimreise im Zug in Ruhe durchzulesen und anschließend mit Eva, Rosalie und Marius darüber zu sprechen, ob ihnen dieser Freundeskreis von Anton Versahig mit seinen Heilungen bekannt wäre.

Kapitel 10

Die innere Reinigung

So langsam gewöhnte ich mich an die mystische Umgebung der Messe. Frauen und Männer in ihren langen Gewändern, die ihren Oberkörper in rhythmische Schwingungen zu den Klängen ihres Musikinstrumentes einer Tamburine in Bewegung brachten. Düfte wie Weihrauch und Rosenholz umschmeichelten meine Nase. Klänge von einer harmonisch instrumentalen Musik war an den vielen Ständen im Hintergrund zu hören.

Der Besucherandrang wurde immer stärker und es wurde ein Problem für mich, rechts und links zu den Verkaufsständen zu schauen. Ich hätte nie gedacht, dass eine Messe für Esoterik ein so überwältigendes Interesse wecken könnte. Dabei wollte ich doch Ausschau halten nach einem Angstfänger. Eva hatte mir doch vor kurzem von ihrem Traumfänger erzählt, der bei ihr zuhause hing. Sie war von seiner Wirkung grenzenlos überzeugt. Ich wollte mich gezielt an einem Stand informieren, ob es diesen auch als einen Angstfänger gibt. Als ich den Hauptgang wegen der Menschenmasse verlassen wollte, um links in einen Seitengang mit Ausstellern zu wechseln, sah ich plötzlich eine große Menschenansammlung in der auch Eva und Marius standen. Seit einer geraumen Zeit verspürte ich schon eine Ermüdung in mir und es war wunderbar, meine Gruppe fast komplett wieder zu treffen um ihr den Vorschlag zu unterbreiten, eine Stärkung an irgendeinem Essensstand mit einer Möglichkeit zum Sitzen einzunehmen. Mit diesem Vorschlag ging ich auf Eva und Marius zu. „Prima, dass du da bist", sagte Eva zu mir. „Stell dir vor, erst war Rosalie an diesem Stand, dann Marius, nicht viel später ich und kurz darauf du, das ist doch kein Zufall. Wir sollten bestimmt alle diese innere Reinigung von Rosalie jetzt mitbekommen." „Welche innere Reinigung?", fragte ich Eva. „Rosalie hat mir nur kurz gesagt, sie würde hinter diesen roten Vorhang gehen um eine innere Reinigung zu erleben." Die Ansammlung von Besuchern an diesem Stand wurde immer größer, es muss wohl ein außergewöhnliches Ritual sein, was so viel Interesse weckt. Wäre dies eine Alternative für mich? Statt eines Angstfängers eine innere Reinigung auf dieser Messe zu vollziehen, wie es gerade Rosalie erlebt? „Wartet ihr hier, ich werde versuchen weiter nach vorne an diesen Stand zu kommen, damit ich Rosalie nach ihrer Reinigung zu unserer Gruppe bringen

119

kann", sagte Marius zu uns und entfernte sich aus unserer Sichtweite. Rosalie erzählte mir im Zug hierher über ihre Arbeit, dass es sehr viele unglückliche Menschen gibt, die bei ihr anrufen um bei ihr als Lebensberaterin Rat zu finden. Wenn sie sich mental in die Frage der Anrufenden vertiefen würde, bekäme sie durch das Auslegen ihrer Karten – sie nannte sie Kipper-Karten – immer eine klare Antwort auf die Fragen der Ratsuchenden. Auf meine Frage, ob sie alles sagen würde, was sie in den Karten sieht, antwortete sie, dass es ihr sehr wichtig sei. Doch wenn die Karten eine niederschmetternde Antwort zeigen würden und am anderen Ende des Hörers wäre eine sehr verzweifelte Stimme zu hören, dann würde sie nicht alles erzählen, was sie in den Karten sehen würde. Sie gab mir ihre Visitenkarte, jedoch habe ich sie nie angerufen.

Wir standen schon eine geraume Zeit vor dem Stand „der inneren Reinigung", weil das der abgemachte Treffpunkt war um anschließend gemeinsam essen zu gehen. Eva und ich unterhielten uns über unsere Empfindungen auf der Messe, während wir warteten. Sie zückte ihr Smartphone aus ihrer Tasche um ihre Erfahrungen, die sie bisher auf der Messe gesammelt hatte, in Form von Kurznachrichten weiter zu erzählen. Aber sie hatte kein Netz und wurde von manch einem Messebesucher angeschaut, als sei sie aus einer anderen Dimension. Obwohl sie ihr Smartphone nur in der Hand hielt. Ich ertappte mich dabei, dass die Messe anfing mich zu fesseln. Ich beobachtete die Besucher: Was sind ihre Beweggründe für den Besuch dieser Esoterikmesse? Lebenskrise? Schwere Erkrankung? Überall sah ich zuvor an den Verkaufsständen, was man für die physische, mentale, emotionale und seelische Ebene zum Wohlbefinden käuflich erwerben konnte. Energiereiche Kraftplätze erfahren, in ihnen verweilen, deine Kraftpunkte finden. Kraft-Ort-Kenner entdecken, positive Schwingungen erfahren. Die Natur anders entdecken mit den Sinnen, die man bisher noch nicht zu kennen vermag. Die Personen an ihren Ständen waren nicht mit schicken Business Anzügen bekleidet, wie ich es sonst von anderen Messen kannte. Hier lag einfach überall ein „Dolche far niente" (nichts tun – einfach sein!) in dieser mystischen Umgebung. Ich war total in eine andere, mir absolut fremde Welt eingetaucht. Ich würde nicht sagen, dass dies in mir absolut positive Schwingungen verursacht hätte, jedoch spürte ich einen neuartigen, minimalen Kraftgedanken in dieser großen Halle. Oder vielleicht lenkten mich auch nur diese vielen neuen Eindrücke von meinen Angstgedanken ab. Sie hatten sich nicht plötzlich in Luft aufgelöst, doch sie waren etwas kleiner geworden und jeder kleinste verschwindende Bruchteil von Angst gab mir doch etwas neue Kraft zurück. „Der Vorhang geht auf", war auf einmal von einer weiblichen Stimme im vorderen Bereich des Standes zu hören, wo sich gerade Rosalie befand. Die Menschenmenge, die sich an unserem Warteplatz „der inneren Reinigung" befand, fing an, vor Eva und mir einen winzigen Weg zu bilden. Zuerst sahen wir Marius, hinter ihm Rosalie. Als sie näher kamen bemerkten wir, dass Rosalie regelrecht taumelte und dass Marius sie an der Hand hielt. Ich sah, wie die Leute interessiert Rosalies Verhalten beobachteten, als ob sie eine Entscheidung treffen wollten auch eine innere Reinigung zu erleben. Oder auch wie bei mir, dass erste Mal im Leben überhaupt zu erfahren, dass es eine innere Reinigung für Menschen gibt. „Rosalie, geht es dir gut?", fragte Eva sofort, als sie vor uns stand. Rosalie antwortete nicht auf die Frage, sie wirkte als sei sie in Trance. Ihre Augen schauten starr vor sich hin. Es war für mich sehr beunruhigend, da ich nicht wusste, ob dieses Verhalten nach einer inneren Reinigung auf einer Esoterikmesse normal war. Auch was ich bei

Rosalie im Haar sah, eine wässrig gelb schimmernde Substanz; gehörte dies alles zu einer Reinigung? Plötzlich flüsterte Marius Rosalie etwas ins Ohr. Er als angehender Heilpraktiker, der wie er uns im Zug zur Messe erzählt hatte, schon auf etlichen Esoterikmessen war und bestimmt die ein oder andere „innere Reinigung" schon miterlebt hatte, war wohl auch etwas beunruhigt. Rosalie fing plötzlich an ihren Körper kurz zu schütteln, ihre Augen bewegten sich auf einmal wieder und Marius fragte ganz ruhig und besonnen: „Rosalie kannst du dich an diese innere Reinigung erinnern?" „Ja, ich bin befreit", hauchte es aus Rosalies Mund. „Ja, es geht mir gut", sagte sie kurz darauf und bei jedem einzelnen Wort wurde ihre Stimme klarer und ihre Augen wacher. Wir haben nie erfahren, welche erwachenden Worte Marius Rosalie ins Ohr flüsterte. Rosalie sprach in unserer Gruppe voller Begeisterung weiter von einer Schamanin, die bei ihr dieses Ritual vollzogen hätte und dass sie sich nur noch an sehr wenige Einzelheiten erinnern könnte, doch sie wäre jetzt so innerlich befreit von allem. Sie könnte aber mit Sicherheit sagen, dass bei dieser inneren Reinigung ein rohes Ei verwendet wurde. Bei dieser Aussage fuhr sie sich mit ihrer Hand genau durch die Stelle ihres Haares, wo sich immer noch diese wässrig gelbe Substanz befand. Rosalie schaute auf ihre verklebte Hand, schaute uns dann wieder an und sagte: „Noch nie habe ich solch eine intensive Reinigung erlebt, ich fühle mich fantastisch."

Wäre dies eine Möglichkeit, meine Angst vor einem Rezidiv verlieren zu können? Meine damalige glückliche, ja schon fast naive Lebensunbekümmertheit wie vor der Diagnose zurückzuerobern mit einem roh zerschlagenem Ei, auch durch diese innere Reinigung? Bei Rosalie sah ich eine strahlende und entspannte Zufriedenheit, so wie sie gerade vor mir stand. In ihrer Körperhaltung und in ihren Gesichtszügen, ja sogar in ihrer Stimme war eine neue Lebendigkeit. Sie, die bisher in ihrem Leben doch überhaupt keine Erfahrung mit einer schwerwiegenden Erkrankung hatte, die sich nur von der inneren Belastung der vielen Ratsuchenden bei ihr als esoterische Lebensberaterin befreien wollte, für sie war diese innere Reinigung ein voller Erfolg. Diese Schamanin begibt sich vielleicht auch nur mit ihrem Wissen und der Begabung in diese Reinigung einer Person, wenn sie sich zuvor absolut sicher ist, dass der Ratsuchende auch mental dafür empfänglich sein wird. In meinen Gedanken kamen starke Zweifel auf. Auch bei dem gemeinsamen Imbiss an einem Stand auf der Esoterikmesse dachte ich, was denn überhaupt wäre wenn ich auch diesen schamanischen Dienst in Anspruch nehmen würde? Was wäre, wenn diese Schamanin bei mir als ehemalige Krebspatienten eine innere Reinigung vornehmen würde? Gibt es überhaupt Frauen, die nach einer Brustkrebstherapie zu einer Schamanin auf eine Esoterikmesse gehen, damit sie nach einer inneren Reinigung diese Angstgedanken verlieren? Ich hatte noch nie etwas darüber gelesen.

Der Glaube – und ich denke es hat viel mit Glauben zu tun – an eine erfolgreiche innere Reinigung bei einer Schamanin, die mir diese unvorstellbare Angst nehmen könnte, war bei mir nicht, oder noch nicht, vorhanden. Ich musste weitersuchen. Mittlerweile kamen in mir starke Zweifel auf, hier auf der Messe überhaupt etwas sinnvolles für mich zu finden. Auf der Heimreise hatte ich nur die Broschüren von dem Heiler aus den Bergen in meiner Handtasche. Nichts Weiteres fand ich auf dieser Messe, was mir nur annähernd irgendwie hätte helfen können, um meine Angst zu besiegen. Eva und ihre Bekannten unterhielten sich angeregt über ihre Erlebnisse des heutigen Tages. Ich war überaus müde und erschöpft, bevorzugte deshalb meine Augen während der Heimfahrt zu schließen und ließ alle Eindrücke dieser Messe innerlich an mir vorbeiziehen.

Nachdenkgeschichte 9

Veränderter Sinnesurlaub

Sie trafen sich in einem Reisebüro irgendwo in der Stadt. Ihr Ziel war es, dem Alltag und dem immerwährenden privaten Zeitdruck, der sie umgab, durch eine Reise zu entfliehen. Schnellstmöglich wollten sie in ein Flugzeug steigen, um irgendwo auf der Welt dort anzukommen, wo sie die Freiheit über ihre Zeit besitzen würden. Einfach am Strand liegen, sich bei Gelegenheit ein paar Sehenswürdigkeiten an diesem Ort anschauen, einfach nichts organisieren, die Umgebung genießen um dann erholt und glücklich wieder nach Hause zurückzukehren. Im Reisebüro erklärten sie in kurzen Sätzen diesen wohl nicht ungewöhnlichen Wunsch für einen Urlaub, der ihnen verhelfen würde eine glückliche Auszeit genießen zu können. Die Kundenberaterin im Reisebüro begab sich an ihre Regale, wo sie die vielen Reisekataloge aufbewahrte und legte einen Stapel Kataloge auf den Tisch vor die Reisesuchenden. Die Welt für einen Urlaub lag jetzt vor ihnen, aufgegliedert nach Regionen und Hotelkategorie. Alles in vielen bunten Bildern auf den vielen Katalogseiten. Die Reisesuchenden waren von diesem Angebot überwältigt. Aber wie sollten sie aus dieser Vielzahl den richtigen Urlaubsort herausfiltern? „Haben Sie denn gar keine Vorstellung, an welchem Strand Sie mal gerne liegen würden", fragte die Beraterin die Reisesuchenden, um ihnen die Last der Entscheidung abnehmen zu können. Weil diese Frage nur mit einem „Nein" beantwortet wurde, sprach die Reiseberaterin von ihren diesjährigen Erfahrungen, von Nachfragen der anderen Reisenden und dass ein gewisses Urlaubsgebiet in diesem Jahr eine starke Nachfrage hätte. Sie schlug eine bestimmte Katalogseite auf und zeigte den Reisesuchenden diese Region mit einem Strand. „Nein, dort nicht", bekam sie als Antwort. Der Reiseberaterin fiel auf, dass die Reisesuchenden sehr wortkarg waren. Sie fragten sie nichts, sie unterhielten sich untereinander auch nicht und sie gaben auch nur sehr knappe Antworten auf ihre Fragen. Die Reiseberaterin überlegte, ob sie überhaupt einen passenden Urlaubsort finden würde für die beiden, bis ihr auf einmal etwas einfiel: „Ich glaube, ich habe eine Lösung für Ihren Urlaubsort", unterbrach die Beraterin die Stille, griff in die zuvor ausgezogene Schublade ihres Schreibtisches und nahm aus einem großen Briefumschlag Unterlagen hervor. „Diesen neuen Urlaubsort haben wir erst seit heute in unserem Programm." Dabei legte sie die Broschüre auf die noch vorhandenen Urlaubskataloge auf den Tisch, damit die Reisesuchenden sie sofort betrachten konnten. „Sie würden mit dem Flugzeug dorthin fliegen. Auch, wenn die Unterkunft einen geregelten Tagesablauf hat, könnten sie zu jeder Zeit Besichtigungen von Sehenswürdigkeiten unternehmen. Angeboten werden gesunde Speisen aus eigenem Obst- und Gemüseanbau. Und die Unterkunft, in der Sie schlafen würden, wäre durch Ruhe und Stille der ideale Ort, um aus ihrem Alltag zu entfliehen. Das interessante an dieser Unterkunft ist auch, dass jeder Gast eine Aufgabe im Innen- oder Gartenbereich übernehmen kann. In der Urlaubsgemeinschaft an diesem Ort werden sie den dort Lebenden als überwiegend schweigenden Mitmenschen begegnen. Ein Strand befindet sich auch in unmittelbarer Nähe ihrer Unterkunft."

Die Reisesuchenden hatten ihren Urlaubsort gefunden. Nach einigen Wochen, die Beraterin im Reisebüro dachte gar nicht mehr an diese merkwürdige stille Begegnung, lag eine an sie adressierte Postkarte auf ihrem Schreibtisch mit den Worten: „Danke für die Auszeit im Kloster."

Kapitel 11

Ausbildung mit Port

Was hatte ich alles verloren seit meiner Diagnose Brustkrebs! Meine Selbstständigkeit im Beruf, meine Kunden, meinen selbstverständlichen Mut, meine Unbekümmertheit, meine Zuversicht für die Zukunft. Alles hatte sich geändert. Was jedoch immer gewaltiger wurde seit meiner Erkrankung, war ein riesiger Berg der sich Angst nannte. Ich fand keine Kraft für einen Neustart. Warum sollte ich auch nach einem Weg suchen, der morgen wieder zerstört werden würde, weil irgendwelche Ärzte in der Klinik bei meiner dreimonatigen Kontrolluntersuchung irgendwo ein Rezidiv finden könnten.

Ich müsste mich wieder einer langwierigen Therapie unterziehen. Es ergab für mich keinen Sinn, abgesichert durch eine beendete Krebstherapie, aber gefolgt von immer wieder fest terminierten Kontrolluntersuchungen in der Klinik einen beruflichen Neustart zu wagen. Immer drehte ich mich nur im Kreis, weil mir diese Angst immer wieder im Weg stand. Wenn ich vor meiner Erkrankung irgendwo in einem Friseursalon gearbeitet hätte, wäre mir zumindest jetzt eine Arbeitsstelle sicher gewesen trotz Krebserkrankung.

Ich hätte jetzt nach meiner Krebstherapie einen Weg zu einem Arbeitsplatz, dort wo meine Kolleginnen meinen Kundenstamm während meiner sehr langen Abwesenheit betreut hätten. Ein Arbeitsplatz, festes Gehalt, auch im Krankheitsfall, Kollegen. Demgegenüber meine Entscheidung, flexibel für meine beiden Töchter da zu sein. Das kann doch kein Geld der Welt aufwiegen.

Ich hatte mich damals für den Berufszweig als Friseurmeisterin im Friseurheimservice entschieden, weil ich auch die Möglichkeit besaß, mir die Betreuung der Kinder tagsüber mit meinem Mann zu teilen. An Feiern im Kindergarten, in der Schule, in der Tanzschule, im Sportverein, überall konnte ich mir die Zeit einteilen und mit meinen Töchtern bei allen Veranstaltungen dabei sein, ich sah meine zwei süßen Mädels aufwachsen. Diese Flexibilität hätte ich nicht erlebt, wenn ich eine Angestellte in einem Friseurgeschäft gewesen wäre oder sogar selbst ein Friseurgeschäft mit Angestellten geführt hätte.

Bisher sind schon über zwei Jahre seit meiner Diagnose vergangen und ich bin nur zuhause. Ein unbeschreiblicher Tatendrang wächst in mir, doch eine fremde, niederschmetternde Angst hindert mich immer wieder daran, mich beruflich neu zu orientieren. Ich war doch noch viel zu jung, um gar nichts mehr beruflich tun zu können. Immer dieses Kreisen meiner vielen Gedanken, tagsüber, in schlaflosen Nächten. Was könnte ich tun, ohne ein zu hohes Risiko einzugehen aber mich trotzdem irgendwie der Zukunft zu stellen. Was konnte ich nur tun gegen diese Angst? Die Ärzte möchten mir meinen Port immer noch nicht entfernen, diesen Zugang unterhalb meines linken Schlüsselbeins, dort wo das Gift meiner Chemotherapie sechsmal in meinen Körper drang. Dann ist es doch wohl nur eine Frage der Zeit, wann ich wieder eine Chemotherapie bekommen muss. Diese unerbittliche Feststellung steckte tief in mir.

„Wir lassen ihn noch eine Zeit lang, er behindert sie doch nicht, oder?", kam dann immer die Aussage eines Arztes bei einer Kontrolluntersuchung, wenn ich einen Arzt auf meine Port-Entfernung ansprach. Alle sechs Wochen diesen Port beim Hausarzt spülen lassen, auf der linken Seite nicht schlafen können, weil dieses Kästchen unter meiner Haut unangenehm drückt. Empfinde ich dies überhaupt als eine Behinderung? Es ist keine Behinderung! Es geht eher darum, mit meiner Erkrankung optisch nicht abschließen zu können!

Auch mit der ganzen Vergangenheit im Leben meiner Krebserkrankung. Aber diese Empfindungen teile ich nie meinem Arzt in der Klinik mit. Meine Narbe der brusterhaltenden Operation war sehr gut verheilt. Die Narbe in meiner rechten Achselhöhle, die durch die Entfernung von Lymphknoten entstanden war, sah man fast gar nicht mehr. Auch waren meine Haare schon wieder über einen längeren Zeitraum gewachsen. Es war nur dieser Port, der unterhalb meines Schlüsselbeins eine leichte Erhebung auf meiner Haut bildete und sich anfühlte, als hätte ich eine kleine runde Kiste unter meiner Haut. Er war auch Mitschuld an dieser lähmenden Angst in mir, die dazu führte, dass ich keine Zukunftsperspektive für mich fand. Wöchentlich ging ich zweimal zur Lymphdrainage für meinen rechten Arm und die Hand, weil ich ein Lymphödem hatte. Alles war nur dieser verdammte Krebs schuld.

Dieses Lymphödem bereitete mir aber weniger Probleme, als diese Kiste Namens „Port" unter meiner Haut. Lange überlegte ich, schaute im Internet nach möglichen Fortbildungen für mich. Es musste doch irgendetwas geben, was ich erlernen konnte. Was mit meinem Beruf in irgendeiner Weise in Verbindung steht. Die Ausbildungszeit dürfte sich nicht über Jahre ziehen, denn was wäre, wenn ich in dieser Zeit wieder an Krebs erkranke? Was, wenn ich es doch schaffen sollte und mir der Port entfernt wird, was wäre dann? Eine Freundin erzählte mir, sie habe vor kurzem eine Ausbildung in der Wellnessmassage abgeschlossen.

Diese Massageform bei entspannender Musik sei sehr beruhigend für ihre Kundinnen, ja sogar für sie selbst. Ein langsames Entschleunigen des Körpers. Eine Ausbildung, die sich nicht über einen langen Zeitraum hinauszieht. Ausbildungskosten, die überschaubar sind. Auch wird bei dieser speziellen

Massagetechnik nicht mit einem sehr hohen Druck der Hände und Arme gearbeitet. Bei meiner Internetrecherche stieß ich sofort auf das Ausbildungszentrum in Köln, dort würde schon in wenigen Wochen ein neuer Kurs beginnen für die Ausbildung in der Wellnessmassage. Köln, meine Stadt.Wo ich mit meinem Mann und Freunden schon sehr oft unterwegs war. Köln, die Mentalität der Leute, die mich immer in den Bann zog. Dort würde sich für mich bestimmt bald eine Möglichkeit ergeben, mich nach der Ausbildung beruflich neu orientieren zu können. Oder es kristallisiert sich irgendetwas berufliches zu einem späteren Zeitpunkt für mich heraus. Ich war mir jetzt sicher, dass ich etwas gefunden hatte, wonach ich vorerst suchte. Eine Ausbildung in der Wellnessmassage in Köln, die in ein paar Wochen bereits begann.

Keinen Arzt fragte ich, ob ich diese Ausbildung mit meinem rechten Arm wegen der Entfernungen der Lymphknoten überhaupt in Betracht ziehen durfte. Niemand darf mir diesen kleinen sicheren Weg, den ich so lange gesucht und endlich gefunden hatte, wieder zerstören. Alles war in kürzester Zeit organisiert. Die Versorgung meiner Töchter und meine Anmeldung in dem Ausbildungszentrum in Köln. Auch mein Mann bekam sogar von seinem Arbeitgeber kurzfristig Urlaub, denn wir hatten zuvor beschlossen, dass wenn es bei ihm möglich wäre, würden wir zusammen nach Köln fahren. Eine Unterkunft war schnell gefunden, denn seit Jahren besaßen wir ein Wohnmobil. Also reservierten wir auf einem Campingplatz einen Stellplatz für den Aufenthalt während meiner gesamten Ausbildung. Mein Mann fuhr mich jeden Morgen mit dem Wohnmobil pünktlich zu dem Ausbildungszentrum und holte mich am späten Nachmittag wieder dort ab. Von einigen meiner Ausbilder und Mitschülerinnen kamen schon verwunderte Blicke, wenn sie morgens vor dem Gebäude warteten und mein Mann mit unserem großen Wohnmobil genau vor dem Eingangsbereich hielt, damit ich aussteigen konnte. Niemand hier wusste etwas aus meiner lebensbedrohenden Vergangenheit. Niemand meiner Mitschülerinnen oder die Ausbilder sahen mir an, dass ich noch vor Monaten durch eine Chemotherapie meine Haare verloren hatte. Keiner sah, dass ich an Brustkrebs erkrankt war. Auch nicht, dass ich unter meinem rechten Arm keine Lymphknoten mehr hatte. Niemand sah es mir an, dass dies hier für mich wieder Leben bedeutete. Das einzige, was man bei mir bemerkte, war, dass meine Konzentration schneller nachließ als bei meinen Mitschülerinnen. Auch das lange Sitzen auf den unbequemen Stühlen im Unterrichtsraum verursachte bei mir binnen kürzester Zeit starke Rückenschmerzen. Nach dem ersten Unterrichtstag besorgte ich mir in einer Kölner Apotheke eine tief wirksame Salbe gegen Rückenschmerzen und mein Mann rieb mir jeden Morgen nach dem Frühstück meinen Rücken mit dieser Salbe ein. So versuchte ich die Phase des theoretischen Teils, der über mehrere Tage ging, halbwegs schmerzfrei im Unterrichtsraum sitzend zu überstehen. Noch nie hatte ich so ein sicheres Gefühl in mir, dass meine starken Rückenschmerzen allein nur durch das lange Sitzen hervorgerufen wurden und keine schlimme Erkrankung dahinterstand.

Gegen mein Problem mit der Konzentration nahm ich kein Präparat, zu groß war meine Angst, es könnte irgendwie eine Wechselwirkung entstehen, da ich jeden Tag schon ein Hormonpräparat einnehmen musste. Ich war meinem Traum so nah, es durfte nicht daran scheitern, dass ich jetzt wohl mit den Spätfolgen meiner Krebstherapie und mit diesen Rückenschmerzen oder der Konzentrationsschwäche zu kämpfen hatte. Nach jedem für mich ewig vorkommenden Unterrichtstag erhielten wir Arbeitsblätter, die ich nach einer Ruhepause anschließend bei einer Tasse Tee im Wohnmobil durcharbeitete und mich später von meinem Mann abfragen ließ. Somit schaffte ich es doch noch mir den theoretischen Teil trotz meinem Konzentrationsverlustes während des langen Unterrichtstages zu merken.

Als sich die letzten theoretischen Unterrichtsstunden dem Ende neigten, schlug unser Ausbilder vor uns die Räumlichkeiten zu zeigen, in denen wir uns ab dem nächsten Tag für die praktische Unterweisung zu der Erlernung der vielen verschiedenen Massagegriffe treffen würden. Endlich musste ich

136

nicht mehr den ganzen Tag sitzen! Ich freute mich sehr, dass wir die Anatomie, den Muskelaufbau des menschlichen Körpers und die Grundlagen der Wellnessmassage als theoretisches Fach beendet hatten. Jetzt werden wir unser Wissen in die Tat umsetzen. Auch werde ich jetzt bald an mir selbst erfahren, wie in den begeisterten Erzählungen meiner Freundin, wie entspannend es auch auf mich selbst wirken kann, wenn ich bei ruhiger Hintergrundmusik Massagegriffe an einer anderen Person anwenden würde.

Der große Raum war sehr hell, ungemütlich, spartanisch eingerichtet und dort hingen große Lernposter von der Anatomie der menschlichen Muskulatur und von den Reflexzonenbereichen der Füße an den Wänden.

In der Mitte des Raumes reihten sich sieben Massageligen ganz nah aneinander. Ich sah jedoch keine Musikanlage oder irgendwelche Boxen an der Wand installiert. Als wir alle in diesem Raum standen, erklärte uns der Ausbilder, dass es von unserer Anzahl von vierzehn Frauen genau passen würde, uns bei den hier sieben Massageligen in Zweiergruppen einzuteilen.

„Sie werden dann abwechselnd die Massagegriffe an sich üben. Wer eine Zweiergruppe bilden möchte, können Sie unter sich vereinbaren." „Nein, bitte keine Zweiergruppe", schoss es mir durch den Kopf. Ich stand in diesem Raum und meine Gedanken versanken in meiner Vorstellung, die ich mit dem praktischen Teil dieser Ausbildung in Verbindung brachte. Ich dachte es würden Personen aus der Umgebung kommen, um an ihnen die Massagegriffe zu üben. Ich dachte, dass es wie in meiner früheren Ausbildung sein würde: Modelle, fremde Personen aus der Umgebung stellten sich bereit, an denen wir unser neu erworbenes Wissen üben konnten.

Was soll ich denn jetzt tun, mit meinem Port unterhalb meines linken Schlüsselbeins? Was, wenn eine Mitschülerin bei einem Massagegriff diesen Bereich berührt? Was sollte ich ihr nur antworten, wenn sie mich danach fragen sollte?

Ich würde damit nicht am darauffolgenden Tag konfrontiert werden, weil wir die Massage-Übungen mit den Füßen und Beinen beginnen, allerdings wird diese Situation noch kommen. All diese Hindernisse, wie Rückenschmerzen und meine Konzentrationsschwäche hatte ich bis zu diesem Punkt der Ausbildung überwunden, doch mein Port stellte mich jetzt vor eine unlösbare Aufgabe. Das einzige, das mir einfiel: Ich müsste mich für diesen Tag krank melden.

Am nächsten Morgen bildeten sich schnell die Zweiergruppen. Ohne mein Zutun stand plötzlich eine Frau mittleren Alters mit osteuropäischem Akzent zu meiner Seite und fragte mich: „Sollen wir zusammen?" „Ja, gerne", gab ich als Antwort und wir gingen zusammen zu einer Massageliege, um dort auf die Erklärungen des Übungsleiters zu warten. Akribisch erklärte er uns die Massagegriffe und was wir alle als angehende Masseure in der Wellnessmassage zu beachten hätten, wenn wir Füße und Beine massieren würden. Die Mitschülerin sagte zu mir, dass ich mich hinlegen solle, sie würde den Anfang machen. Also legte ich mich auf die Massageliege, vergaß aber meine schwarzen Socken auszuziehen, da als erstes mit der Fußmassage begonnen wurde. Ich wollte mich gerade aufzurichten um meine Socken auszuziehen, doch schon winkte meine Mitschülerin ab und sagte kurz: „Kein Problem, ich mach das!", also ließ ich mich wieder langsam auf die Massageliege zurücksinken und sie zog mir sanft die Socken aus. Plötzlich kam von ihr eine Bemerkung: „Was ist daaas?"

Was ist was? Was hatte sie an mir gesehen? Ein Angstschauer durchzog mich. Was hatte sie an meinem Fuß entdeckt? Dort wurde ich bisher noch nie in der Klinik untersucht, Hautkrebs? Ich hatte nichts Auffälliges an meinen Füßen heute morgen nach dem Duschen bemerkt!

Meine Mitschülerin zeigte mir auf einmal einen winzig kleinen schwarzen Fussel, der sich irgendwo an meinem Fuß befand. Ich war beruhigt über meinen kleinen schwarzen winzigen Fussel und schaute meiner Mitschülerin ins Gesicht. Dabei sah ich an ihrer starken, aussagekräftigen Mimik, dass sie sich fragte wie man nur einen schwarzen Fussel am Fuß haben kann. Wenn meine Mitschülerin meinen Port ertasten würde, käme bestimmt ein lautes und empörtes: „Was ist daaaaaas?" Doch zum

139

Glück werde ich an diesem Tag nicht hier sein. Der Übungsleiter teilte uns nach der ersten praktischen Unterweisung mit, fast, als ob er meine Gedanken zuvor gelesen hätte, dass wenn jemand aus dieser Ausbildungsgruppe jetzt krank werden sollte, er es zeitlich nicht unterbringen könnte, dieser Person im Einzelunterricht die Massagegriffe ausführlich zu zeigen. Es sei daher sehr wichtig, dass jeder hier an allen Tagen anwesend sei. „Bitte beachten Sie dies unbedingt."

Dabei wollte ich doch an dem Tag, an dem der Oberkörper dran ist, krank sein, schoss es mir durch den Kopf. Ich wollte doch unbedingt diese Ausbildung. Ich habe aber nicht bedacht, dass wir die Massagegriffe an uns üben würden. Ich möchte nicht, dass meine Mitschülerin meinen Port ertastet und mich anschließend wie eine Aussätzige behandelt, wenn sie schon bei einem winzigen Fussel an meinem frisch geduschten Fuß so überreagiert.

Eine andere Herausforderung bestand jetzt für mich darin, einen Weg zu finden allen an praktischen Ausbildungstagen anwesend zu sein. Während meine Mitschülerin mir die Füße und Beine unter der Anleitung des Übungsleiters massierte, versuchte ich krampfhaft eine Lösung zu finden.

Dabei dachte ich gar nicht mehr daran warum ich einen Port hatte, sondern nur wie er bis zur Beendigung meiner praktischen Ausbildung verschwinden könnte. Der Übungsleiter hatte es uns ja nahegelegt jeden Tag anwesend zu sein, damit wir eine komplett praxisorientierte Ausbildung erfahren. Mein Port muss weg, aber wie? Als mein Mann mich später mit unserem Wohnmobil abholte und wir zum Campingplatz zurück fuhren, erzählte er mir von diesem schönen Sommertag, dass er mit seinem Fahrrad eine Tour durch die Umgebung von Köln unternommen hätte. Auch wäre es mal wieder an der Zeit gewesen, alles im Wohnmobil zu überprüfen. Dabei stellte er fest, dass der Erste Hilfe Kasten, den wir noch nie benutzen mussten, schon lange abgelaufen sei und er morgen oder übermorgen einen neuen kaufen müsste. Mein Mann hatte mir auf der Fahrt zum Campingplatz gerade unwissend die Lösung für mein Problem mitgeteilt! Ab morgen wird mein Port verschwunden sein!

Am darauffolgenden Tag stellte ich mir morgens nach dem Frühstück den abgelaufenen Erste Hilfe Kasten auf den Tisch und fing an, mithilfe meines Mannes meinen Port mit einer dicken Kompresse und mit mehreren großen Pflastern zu bedecken. So, dass man die Erhebung vom Port gar nicht mehr optisch wahrnehmen konnte.
Mein Ellenbogen bekam auch ein gepolstertes, großes Pflaster, damit meine erdachte Notlüge irgendwie eine gewisse Echtheit erhielt. Schließlich werde ich meiner Mitschülerin morgen offenbaren, dass ich am gestrigen Abend mit meinem Fahrrad unglücklich gestürzt sei, sie aber trotzdem um meine

Wunden herum vorsichtig massieren dürfte. Später im Ausbildungszentrum entstanden entsetzte Blicke, als man meine großflächige Pflasterung an meinem Oberkörper entdeckte. Der Ellenbogen und der Bereich um das Schlüsselbein sahen auch wirklich erschreckend aus.

Ich hielt meinen Plan ein und sagte nur: „Gestern Abend bin ich unglücklich bei einer Fahrradtour mit meinem Mann gestürzt, es wird wohl diese ganze praktische Ausbildung und bestimmt noch darüber hinaus andauern, bis alles wieder verheilt ist."

Nachdenkgeschichte 10

Die Würfelsteine

An einem Frühlingstag gingen drei ältere Damen im Park einer Seniorenanlage, die sich nahe der Innenstadt befand, spazieren. Die eine Dame war früher eine angesehene Geschäftsfrau aus der Stadt. Eine andere wiederum verbrachte fast ihr ganzes Leben auf dem Lande mit der Bewirtschaftung eines Bauernbetriebs. Die dritte Dame war über die Stadtgrenze hinaus eine bekannte Künstlerin.

Diese drei älteren Damen unternahmen des Öfteren gemeinsam mit ihren Gehhilfen diesen Spaziergang im Park der Seniorenanlage.

Die ältere Geschäftsfrau hatte einen Gehstock dabei, die Frau vom Lande war von der harten Arbeit auf ihrem Bauernhof körperlich so sehr gezeichnet, dass sie sich nur noch mit einem Rollator fortbewegen konnte. Dabei nahm die ältere Künstlerin bei diesen gemeinsamen Spaziergängen immer ihren besonders auffällig bemalten Spazierstock mit.

Als die drei älteren Damen bei den ersten Frühlingsstrahlen durch den Park spazierten, schauten sie sich die Flora und Fauna an, sie beobachteten den Gärtner bei der Arbeit und spazierten ihren Parkweg weiter. Die ältere Dame vom Lande ging immer als erste in dieser

Damengruppe auf dem Parkweg. Sie schaute öfter vor sich auf den Weg, denn sie hatte Angst, dass dort etwas liegen könnte was die Rollen ihres Rollators blockieren könnte. Dann würde sie bestimmt das Gleichgewicht verlieren und fallen.

Als sie sich gerade auf dem schmalen Weg an den Blumenrabatten befanden, sah die ältere Dame vom Lande etwas vor ihrem Rollator liegen. Sie hielt an und bat die anderen beiden Damen doch dieses kleine Hindernis auf dem schmalen Parkweg beiseite zu räumen, damit sie wieder sicher weiterkäme. Die Künstlerin ging auf einem Rasenstück an ihr vorbei, bückte sich zu dem Gegenstand herunter und sah, dass es sich um zwei kleine Steine handelte. Sie hob sie auf, legte sie in ihre Handfläche und sah sie an. Es waren ganz besondere Steine, denn die beiden hatten die Größe und Form eines Würfels.

Die Künstlerin warf sie nicht achtlos zur Seite sondern steckte sie in ihre Jackentasche und ging mit den zwei anderen Damen weiter spazieren. Die Damen fragten sie: „Was willst du denn mit diesen Steinen, sie sind doch wertlos", aber die Künstlerin antwortete: „Die Natur hat sie so außergewöhnlich geformt, ich werde sie für einen besonderen Zweck verwenden." Dabei sprach sie nicht weiter über ihre künstlerische Idee, die in ihrer Vorstellung schon fest verankert war. Als sie in das Seniorenheim zurückkehrten, ging die ältere Künstlerin direkt auf ihr Zimmer, öffnete die Schublade, in der sich sehr viele Materialien zur künstlerischen Gestaltung befanden und nahm die passenden Malstifte hervor. Sie setzte sich an ihren Tisch und fing an, die zwei Steine erst mit einem sehr hellen Grundton zu bemalen und dann mit einer feinen, dunklen Schrift ein Wort auf jede flache Seite des Steins zu schreiben. Auf den anderen Stein zeichnete sie auf alle Seiten verschiedene Jahreszahlen.

Nach einigen Tagen, die Farbe auf den Steinen war mittlerweile getrocknet, nahm die Künstlerin wieder die Steine, steckte sie in ihre Westentasche und ging in einen Raum, in welchem sich alle aus dem Seniorenheim an diesem Nachmittag trafen, die Interesse hatten, sich zu unterhalten und dabei bei den verschiedensten Gesellschaftsspielen den Nachmittag ausklingen zu lassen. Sie sah, dass ihre Mitbewohner nicht wie sonst miteinander sprachen. Es hatte schon wieder tagelang geregnet, alles war so trist und trüb dort draußen, wenn man aus den Fenstern des Seniorenheims blickte. Das schlug sich auch auf das Gemüt der Heimbewohner nieder.

In einem Regal an der Wand fand die Künstlerin das restliche Zubehör, welches sie noch für die Steinwürfel benötigte. Einen Knobelbecher und einen Deckel zum Zuhalten des Bechers. Sie setzte sich an einen großen Tisch, an dem die anderen Bewohner nur still aus dem Fenster schauten und nahm ihre Würfelsteine aus ihrer Tasche. Sie zeigte diese ihren Mitbewohnern. Dabei erklärte sie ihnen, dass sie nach dem würfeln anschließend in dieser Runde erzählen sollten, was ihnen zu der Jahreszahl oder dem Wort auf der obenliegenden Würfelseite einfallen würden.

Eifrig schüttelten die Mitbewohner den Becher mit den Würfelsteinen, stellten den Deckel mit dem Becher auf den Tisch und hoben den Becher an. Sie sahen ein Wort und eine Zahl und fingen sofort an, viele lustige Dinge aus schon längst vergangenen Tagen spontan von sich zu erzählen. Die Künstlerin schmunzelte über die vielen Geschichten, die sie sich gegenseitig erzählten und plötzlich füllte sich der Raum mit herzhaftem Lachen.

Kapitel 12

Die Palliativstation

Nun stand ich hier, vor der Klinik und schaute das Gebäude hinauf. Ich schaute auf den Eingangsbereich und musste dabei tief durchatmen. War ich nicht vor einigen Monaten selbst hier immer und immer wieder durch den Eingangsbereich gegangen? Dabei immer mit dieser grauenhaften Mischung aus gewaltiger Angst und Hoffnungslosigkeit, die einem bei jedem Durchgang durch diese Eingangstür ein Stück Lebensenergie raubte.

Meine gesamte Brustkrebstherapie hatte ich hinter diesen Mauern durchlebt. Und auch in diesem Gebäude davor, im Sichtfeld des Eingangsbereichs, dort, wo sich das Zentrum der Strahlentherapie befindet, wo ich im Anschluss an die Chemotherapie wochenlang jeden Morgen zur Bestrahlung war. Dabei wollte ich, wenn es irgendwie eine Zukunft für mich gab, diese Klinik nie wieder als Patientin betreten oder sonst irgendwann jemanden an diesem für mich quälenden Ort besuchen gehen müssen. Diese Mauern hatten mich zerstört, mich verändert. Mir mein altes, glückliches, unbekümmertes Leben plötzlich genommen. Meine rechte Hand fing an zu schmerzen. Unbewusst hatte ich meine große Tragetasche mit der rechten Hand aus dem Gepäckkorb meines Fahrrades genommen und dabei völlig vergessen, sie anschließend meiner gesunden linken Hand zu überlassen. Ein Lymphödem an der rechten Hand war das einzige, was nach meiner Krebstherapie noch optisch an mir zu erkennen war.

Das ich diese Klinik jetzt betreten muss, verursacht mir fast eine Lähmung in meinen Beinen. Ich flehte auch innerlich, dass ich jetzt auf diesem Weg niemandem begegnen würde, den ich kenne. Jemand, der vielleicht nur mit bedauernden Blicken auf meine Tasche und mir anschließend in die Augen schaut oder sogar ein Gespräch über meinen Gesundheitszustand anfängt.

Ich benötige jetzt meine gesamte Kraft, damit ein Wunsch in Erfüllung geht. Dieser Wunsch, den ich zuliebe einer bestimmten lieben Person erfüllen möchte, verlangt von mir, dass ich mich überwinde, dass ich mit mir kämpfe.

Am Telefon habe ich ihr spontan zugesagt, ich sah nur den Wunsch, den sie an mich aussprach. Die Zeit ein wenig zurückdrehen, vielleicht eine kleine Freude bereiten, ihr zuhören, sich wiedersehen, sich in den Armen halten. Das einzige, was ich ihr geben konnte war, ihr diesen Wunsch zu erfüllen – jedoch zu einem sehr traurigen Anlass. Auch wenn ich ihr diesen Wunsch in einem mir völlig fremden Gebäude erfüllt hätte, wäre dieser Weg dorthin dann einfacher für mich gewesen? Wenn es sich um ein Gebäude ohne jegliche Erinnerung handeln würde?

Oder habe ich wirklich zu wenig Kraft ihr diesen Wunsch zu erfüllen, wo sie doch am Telefon sagte, dass sie sich schon so sehr auf ein Wiedersehen mit mir freuen würde. Kein fremdes Gebäude, nirgends auf der Welt, könnte mir meine fehlende Kraft für diese bevorstehende Begegnung mit Helena geben.

In der Eingangshalle der Klinik stellte ich meine Tragetasche auf eine der Wartebänke ab und fing an, in den Seitentaschen nach dem Notizzettel zu suchen, auf dem der Buchstabe des passenden Aufzugs und die Etagenzahl standen. Während unseres Telefonats teilte sie mir ihren genauen Aufenthaltsort in dieser Klinik mit. Welche Zeit für meinen Besuch am besten sei und dass es auch sein könnte, dass ihr Mann nach der Arbeit sofort zu ihr kommen würde. Es kam mir alles so unruhig und laut in dieser Eingangshalle vor, sodass es für mich schon eine Entlastung war, den Notizzettel schnell gefunden zu haben um diesen Bereich sofort verlassen zu können.

Wie mit einem Tunnelblick ging ich umgehend zu dem Aufzug mit dem passenden Buchstaben, betrat ihn und drückte auf den Knopf, der mich zur richtigen Station bringen würde.

Es wäre mir nicht aufgefallen wenn mich jemand gegrüßt hätte, denn ich wollte nur weg, weg von hier, wo die Gefahr so groß war jemanden zu treffen den man kennt. Meine Kraft muss ich mir irgendwie einteilen, aber was sollte ich denn einteilen, wovon nur ein minimaler Bruchteil vorhanden war. Ich war alleine im Aufzug, obwohl sich in der gesamten Eingangshalle der Klinik und auch davor sehr viele Menschen aufhielten.

Mittlerweile schmerzte nicht nur meine rechte Hand, der Schmerz zog sich mittlerweile durch den gesamten Arm. Und das nur, weil ich einige Minuten lang aufgrund meiner Gedanken nicht daran gedacht habe, die große Tasche in der linken Hand zu tragen. Meine Kraft wandte sich dem absoluten Nullpunkt zu. Habe ich mich mit dieser Aufgabe überschätzt? Egal. Trotzdem werde ich sie besuchen und ihr diesen Wunsch erfüllen! Dabei kreisten meine Gedanken ständig um die eine Frage: Werde ich sie heute zum letzten Mal sehen? Sie gehört doch in unsere Mädelsgruppe! Wir alle, die sich doch durch diese Erkrankung in einer Therapiegruppe erst kennengelernt haben. Wir fünf Frauen, die so kämpferisch in die Zukunft schauten und in den letzten beiden Treffen in der Gruppe über so viel Dinge gelacht haben, wie noch nie bei den vielen Treffen zuvor. Die sich regelmäßig trafen, auch als es keine Therapie mehr gab, um uns immer wieder gegenseitig mit Mut und immerwährender Hoffnung aufzubauen, dass wir diesen Kampf gegen diesen verdammten Krebs gewinnen werden. Und jetzt trifft es plötzlich Helena aus unserer Mädelsgruppe.

Ich versuchte nur starr auf das Display im Fahrstuhl zu schauen, um mich irgendwie abzulenken. Endlich wurde die Etagenzahl sieben angezeigt, die Zahl bei der ich aussteigen muss. Der Fahrstuhl hielt, die Tür öffnete sich, ich betrat einen schmalen Flur mit weiß gestrichenen Wänden und am Ende vom Gang erblickte ich eine Glastür.
Ein großes Fenster neben dem Fahrstuhl erleuchtete diesen kleinen Flur mit Tageslicht. Verschiedene Ölwandgemälde mit Motiven aus der Natur hingen auf einer Seite des Flurs. Hier gab es kein Labyrinth von Fluren, was doch so typisch ist, wenn sich in einer Klinik eine Fahrstuhltür öffnete. Nur ein kleiner einziger Flur befindet sich hier. Auch keine Personen, die noch hastig versuchen in den sich schließenden Aufzug zu kommen. Keine

quengelnden Kinder, die ziehend an der Hand eines Elternteils versuchen, den Ausgang der Klinik schneller zu erreichenden. Es herrscht hier absolute Stille.

Ich erreichte die Glastür, die mit der Aufschrift „Palliativstation" versehen war. Vorsichtig öffnete ich sie mit der rechten Hand, denn ich musste doch irgendwie versuchen, diese Hand wieder zu mobilisieren. Ich konnte Helena nicht ihren Wunsch erfüllen und dabei nur die linke Hand verwenden.
Wieder betrat ich einen Flurbereich, die Wände diesmal in warmen Gelbtönen gehalten. In diesem Bereich befand sich rechts ein Tisch, darauf verschiedene Stapel von Flyern und Büchern. Der gesamte Bereich war mit einem zarten blaufarbigen Teppichboden ausgelegt. Ein Aquarium, in dem einige Goldfische ihre Bahnen zogen, stand neben dem Tisch. Ein wunderschönes großes Ölgemälde mit der Mutter Gottes und dem Jesuskind auf dem Arm hing zwischen einem breiten Bereich von zwei Türen. Am Ende des Flurs befanden sich in einer Nische zwei Sessel mit einem kleinen Tisch davor. Harmonische Farbe an den Wänden und auf dem Boden, die gesamte Beleuchtung dezent gehalten. Ich befand mich hier zwar in einer Klinik, doch es fühlte sich für mich an wie ein

ganz anderer Ort. Niemand begegnete mir, ich bin ganz allein in diesem harmonisch gestalteten Flur. Aber diese harmonische Umgebung erschlug mich plötzlich, ich war den Tränen nahe und gleich sollte ich Helena treffen.

Sie, die des Öfteren zu mir sagte: „Liebes du wirst seh'n, alles ist gut.", wenn ich mit ihr über meine panische Angst sprach für eine baldige Kontrolluntersuchung wieder in die Klinik zu müssen.

Ich konnte doch nicht mit verweinten Augen vor Helena treten, sie umarmen und trösten mit den Worten: Bald bist du wieder zu Hause, ganz bestimmt, alles wird wieder gut.

Ich hatte mich in einen der Sessel gesetzt und kämpfte gegen meine aufsteigenden Tränen an. Meine Angstgedanken kreisten mir immer und immer wieder durch den Kopf, dass ich Helena hier auf dieser Palliativstation vielleicht das letzte Mal sehen werde. Diese belastenden Empfindungen in mir von dieser Umgebung, dass sie eine Endstation in meinem Leben werden könnte, hier bald an Krebs gezeichnet sterben zu müssen.

Werde innerlich ruhig, bitte werde ruhig. Ich schloss meine Augen, atmete einige Male tief ein und versuchte mich dabei an irgendeinen Text von einer Entspannungs-CD zu erinnern.

Diese vielen CDs, die mir Energie und eine positive Lebenseinstellung für die Zukunft und Kraft vermitteln sollten. Die ich mir immer und immer wieder anhörte und hoffte: Wirke doch, bitte wirke doch endlich.

„Hallo, ich bin Schwester Lisa, kann ich Ihnen helfen?", sprach mich auf einmal eine Frauenstimme an. Ich öffnete die Augen und sah eine junge Frau, die leicht gebeugt neben meinem Sessel stand. Leise erwiderte ich ein „Hallo" und erzählte ihr, dass ich mit Helena Reis verabredet sei aber noch etwas Zeit benötige. Verständnisvoll erklärte sie mir, dass ich die Möglichkeit hätte mich einige Zeit in einen Entspannungsraum zurückzuziehen, welcher sich für Patienten auf dieser Station befindet.

Dankend lehnte ich ihren Vorschlag ab. „Einige Minuten benötige ich nur noch für mich" und schon bei dieser Aussage war ich von einer festen inneren Überzeugung durchzogen, dass ich einfach wieder meine Augen schloss. Nicht nur in meinem Inneren hatte ich plötzlich den absoluten Entspannungszustand erreicht, auch stellte ich fest, dass meine Stimme eine unfassbare Gelassenheit und Ruhe ausstrahlte. Es war eine Stimmlage, die so beruhigend und ausgeglichen klang, wie ich sie überwiegend nur von meinen CDs für Entspannung, Kraft und Energie kannte. Nein, ich selbst fühlte mich gelassener. Was erlebte ich gerade? Ich fühlte mich so innerlich befreit. In Menschengestalt so unglaublich leicht, ja fast schwebend.

Zeigten jene Entspannungssätze der CDs, die ich hier gerade auf dieser Palliativstation immer wieder gedanklich sagte, die ersten und doch für mich unvorstellbaren Erfolge? Oder war es vielleicht eine höhere Macht, die meine innere Verzweiflung bis zum Himmel hörte? Wo war sie denn vor Monaten, als ich nach ihr schrie?

Ich war absolut überrascht von meinem plötzlich ausgeglichenen Gemütszustand und gleichzeitig so dankbar. Irgendwie, egal wie, es war mir nicht begreifbar, doch ein gewaltiges Gefühl von einer inneren unvorstellbaren Stärke war auf einmal durch meinen Körper gezogen. Plötzlich war ich mir so sicher, genügend Energie auf einmal in mir zu haben, dass ich den Aufenthalt bei Helena gestärkt mit einer unvorstellbaren, inneren Ruhe, Kraft und Ausgeglichenheit überstehen würde – egal was mich gleich erwarten würde.

„Wenn Sie möchten, bringe ich Sie nun zu Frau Reis", unterbrach die Stimme von Schwester Lisa meine Gedanken. Ich öffnete langsam die Augen und nickte ihr freundlich zu, nahm meine Tragetasche und folgte ihr den Flur entlang. Als die Schwester die Tür öffnete, sah ich Helena im Krankenbett liegen, den Kopf einer an ihrem Bett stehenden Frau in einem weißen Kittel zugewandt.

Helena drehte langsam ihren Kopf zu mir und ich sah in ihrem Gesicht, dass sich an ihrem rechten Auge eine starke Schwellung befand. „Komm her Liebes, darf ich dir vorstellen: Frau Dr. Kramer. Sie betreut mich hier." Noch bevor ich Helena in die Arme schließen konnte, reichte ich der Ärztin die Hand und bemerkte innerlich eine sehr beklemmende Stimmung in diesem Zimmer. Was hatte die Ärztin mit Helena besprochen?

Neue Therapieansätze, ihre Lebenserwartung von Monaten, Wochen oder nur noch Tagen?

War sie eine sensible Ärztin, eine von innerer Überzeugung den Patienten helfen zu wollen? Oder eine von der mir auch bekannten kalten, empathiefreien Sorte Ärztinnen, die nur Medizin studierten weil sie von einem Ast eines akademischen Familienstammbaumes stammten und überhaupt keinen Bezug für das Empfinden eines Krebspatienten hegten. Ganz im Gegenteil, sie sprachen nur fachlich, medizinisch die notwendigen Schritte. Eine Betrachtungsweise, die einen Mensch mit einer sehr belastenden Empfindung von

Lebensangst einen noch erschauern ließ mit ihren kalten Aussagen. Aber mir begegneten auch viele andere Ärzte, die aus fester, innerer Überzeugung bereit waren, eine Patientin aus einer Berufung heraus und einem exzellentem Feingefühl durch ihre Krebstherapie zu führen.

Als ob Helena meine Gedanken gelesen hätte, sagte sie plötzlich: „Frau Dr. Kramer kümmert sich hervorragend um mich, die Betreuung hier ist wunderbar." Dabei wandte sie den Kopf wieder zur Ärztin. „Das ist meine Friseurin und auch meine Kosmetikerin, von der ich Ihnen erzählte, die auch an Brustkrebs erkrankte. Sie wird bestimmt auch mal Ihre Patientin sein." Sie drehte den Kopf wieder zu mir und sagte weiter: „Dann liegst du auch hier auf der Palliativstation."

„Helena!", schrie ich innerlich. „Helena, was sagst du da gerade zu mir? Das kannst nicht du sein, was haben die mit deinem liebevollen Wesen getan?" „Verzeih ihr, was sie gerade zu dir gesagt hat. Sie ist nicht sie selbst", sprach eine innere Stimme zu mir. Der Tumor an ihrem rechten Auge muss auf ein Zentrum im Gehirn drücken, das ihre Persönlichkeit steuert. Oder die starken Schmerzmittel sind Schuld, oder, oder... Was sollte ich jetzt tun? Was sollte ich sagen? „Ich habe alles für deine

157

Gesichtsbehandlung in dieser Tragetasche mitgebracht!", unterbrach ich mit meinen Worten die plötzliche Stille im Raum, die weder von Ärztin Dr. Kramer noch von Helena unterbrochen wurde. Dabei zeigte ich auf meine Tragetasche, die neben mir auf dem Boden stand. „Komm zu mir und lass dich drücken", forderte mich Helena auf. Als sei es eine Entschuldigungsumarmung, weil ihr gerade bewusst wurde, was für verletzende Worte sie gerade zu mir gesagt hat.

Es kostete mich eine so unvorstellbare Kraft, dieser Besuch bei Helena, die sich so sehr eine entspannende Gesichtsbehandlung auf der Palliativstation von mir wünschte. Geschweige denn meine wahnsinige innere Überwindung, diese Klinik nach meiner kompletten Krebstherapie wieder zu betreten.

Warum tat ich dies überhaupt? Wir hielten uns fest in den Armen, dabei bemerkten wir gar nicht, dass die Ärztin das Zimmer in der Zwischenzeit verließ. „Hab ich nicht ein schönes Zimmer?" löste Helena unsere Umarmung. „Die Matratze auf der ich liege ist sehr bequem. Diese Marke wollte ich mir schon immer mal kaufen aber sie war mir dann doch zu teuer. Dort, das andere Bett" und sie zeigte dabei kurz mit der Hand auf ein weiteres Bett in ihrem Zimmer: „Das ist für meinen Mann, wenn er hier schläft. Ich habe sogar eine Klimaanlage in meinem Zimmer. Und die Betreuung hier ist einmalig."

Egal wie sehr sie sich auch für ihre vorigen verletzenden Worte rechtfertigen möchte oder sie mir nur mitteilten wollte, wie angenehm mein Aufenthalt hier sein könnte, ich werde niemals hier als Patientin auf dieser oder einer anderen Palliativstation liegen.

Ich werde nicht dem Krebs den Siegesreigen überlassen in einem komfortablen Krankenbett. Sondern ich werde siegen, ihm zuvorkommen, niemals werde ich ihm einfach kampflos und machtlos entgegentreten, mich in ein Krankenbett legen, das Pflegepersonal und die Ärzte bestimmen lassen, wie viele Medikamente nötig sind damit der Krebs mich zerfressen kann, ohne, dass ich den geringsten Schmerz verspüre. Er hat dann die volle Macht über mich, kann sich in mir austoben.

NEIN, ich werde ihn mitreißen. Irgendwo, irgendwie wird das geschehen, aber nicht jetzt und nicht morgen.

„Wenn es dir recht ist, stelle ich die Utensilien und Produkte für deine Gesichtsbehandlung auf diesen Tisch", löste ich mich von den Gedanken meiner Kampfansage. „Etwas lauwarmes Wasser benötige ich und schon können wir mit deiner Gesichtsbehandlung beginnen." Kaum hatte ich Helena meine Vorgehensweise mitgeteilt, da klopfte es an ihrer Zimmertür. Ein Mann betrat den Raum und stellte sich mir vor, er sei auf dieser Station der Therapeut Herr Leupe. Er habe von Helena erfahren, dass sie heute eine Gesichtsbehandlung von mir erhielt. Er hätte es noch nie erlebt, dass eine Patientin eine Gesichtsbehandlung zur Entspannung erhielt, dabei sei er schon mehrere Jahre Therapeut für Tiefenentspannung auf dieser Station. Er war von dieser Idee so begeistert, dass er mich spontan fragte, ob ich Interesse daran hätte diese Behandlungsform auch für andere Patientinnen auf dieser Station anzubieten.

Er sah es mir nicht an aber ich wollte weg, einfach nur weg von dieser Station. Sie erdrückte mich, diese vielen Eindrücke. Helenas Aussehen, diese Schwellung um ihr Auge. Sollte ich ihm jetzt sagen, dass meine Kraft dazu nicht ausreichen würde? Ich entschied mich für den Satz, der von Anfang an in mir war und mich überhaupt erst hierher brachte: „Nur Helena zuliebe bin ich hier." Er verstand meine Aussage, sprach dabei aber sein Bedauern aus. Es wäre für manche Patientinnen auf der Station bestimmt eine angenehme Abwechslung gewesen, neben seiner Entspannungstherapie eine entspannende Gesichtsbehandlung zu erhalten. Herr Leupe wusste wohl überhaupt nichts von meiner lebensbedrohenden Krankheit aus der Vergangenheit. Er hätte mich bestimmt aus seiner beruflichen Sicht – die sehr viel mit Einfühlungsvermögen behaftet sein muss – verstanden, dass ich als ehemalige Krebspatientin auf dieser Palliativstation innerlich Fürchterliches und Bedrohendes fühlte.

Oder wollte er, dass ich hier meine eigene Bewältigungsstrategie in einer neuen Form von entspannenden Kosmetikbehandlungen bei den Krebspatientinnen durchführe? Egal wie, ich bin nur Helena zuliebe hier und werde diese Station danach nie wieder betreten.

Kurze Zeit später brachte er uns eine kleine kompakte Musikanlage, legte eine CD ein, verließ das Zimmer und Helena konnte ihre Gesichtsbehandlung, die überwiegend aus einer entspannenden Massage bestand, bei zarten Musikklängen erleben. Ein wenig die Zeit zurückdrehen, wie damals vor nicht allzu langer Zeit, als sie ihre Gesichtsbehandlung in den Räumlichkeiten meines Friseursalons genoss. Sie öffnete damals immer langsam ihre Augen und sah so zufrieden und entspannt in ihren Gesichtszügen aus, sagte anschließend zu mir: „Liebchen das hat mir sehr gut getan."

Heute bemerkte ich, dass ihre Augen nicht mehr diese Ruhe fanden wie noch vor einiger Zeit. Auch meine Gesichtsmassage war nicht mehr dieselbe wie damals. Ich vermied es, in der Nähe ihres geschwollenen Auges zu massieren. Nichts ist mehr so wie noch vor einiger Zeit. Die Gesichtsbehandlung, die Umgebung, Helena.

Eine Krankenschwester betrat in der Zwischenzeit das Zimmer, kontrollierte die Kanüle an Helenas linker Hand und das Stativ, an dem eine Infusion hing. Sie nickte mir zu und verließ das Zimmer kurz darauf. Sollte ich jetzt mit der Behandlung aufhören? Nickte mir die Krankenschwester deshalb zu? Was ist in dieser Infusion drin? Ein wenig später hörte ich mit der Massage auf weil mich meine Kraft wieder verließ, obwohl ich mir doch immer wieder fest innerlich vorsagte: „Nur Helena zuliebe bin ich hier."

Der Satz „Ich werde sie heute das letzte Mal hier auf dieser Station sehen", rückte in meinen Gedanken allerdings immer mehr in den Vordergrund. Sie öffnete die Augen nach der Behandlung und sagte zu mir: „Liebchen, das hat mir sehr gut getan, ich danke dir."
Helena verstarb einige Tage später.

Nachdenkgeschichte 11

Dem Himmel so nah

Ein Mann, der durch den Besitz von sehr vielen Karussellen reich geworden war, hatte zur Freude der Leute in dem kleinen Dorf, in dem er wohnte, ein Riesenrad bauen lassen. Er hatte sich dort zu Ruhe gesetzt und betrieb das Riesenrad als eine Art Hobby. Geld ließ sich damit nicht mehr verdienen, aber darauf kam es ihm auch gar nicht mehr an.

Immer wieder wurde er von den Leuten gefragt, warum er dieses Riesenrad in einem kleinen Dorf erbauen ließ und nicht in einer Großstadt. Der Mann fragte sie dann, ob sie schon einmal eine Fahrt in seinem Riesenrad erlebt hätten und wenn sie verneinten, fing der Mann an zu erzählen, dass wenn das Riesenrad sich in Bewegung setzte, sei es, als ob sich langsam ein Vorhang aufzieht.

Mit jedem Meter Höhe würde sich ein weiteres Stück Landschaft erschließen. Ein Blick auf sanfte Berge dieser Region, der Fluss mit seinen Windungen, in denen sich manchmal ein zartes himmelblau spiegelte. Idyllische Dörfer, wo auf den Turmspitzen der Kirchen die Wetterhähne in der Sonne blitzten. Und der

163

Mann erzählte weiter, wenn die Kabine des Riesenrads den höchsten Punkt erreicht hat, erhält man die allerschönste Aussicht.

Eine friedliche Stille umgibt einen und wenn man aus der Kabine auf die Erde schaut, erscheint einem alles auf einmal unbedeutsam und klein. Man vergisst alles um sich herum, schwebt über der Erde und ist dem Himmel so nah.

Viele Leute, denen er seine Empfindungen mitteilte, fuhren anschließend mit dem Riesenrad und verstanden den Besitzer, als sie den höchsten Punkt erreichten. Waren sie doch zuvor mit einem skeptischen Blick in die Kabine des Riesenrads gestiegen, so betraten sie nach der Fahrt mit einem Lächeln und entspannten Gesichtszügen den festen Boden unter ihren Füßen.

Für manche war es eine simple unterschätzte Fahrt mit einem Riesenrad und für andere eine Fahrt mit überdimensionalen positiven Auswirkungen, wenn sie später wieder in ihren gewohnten Alltag zurückkehrten. Es war genau der richtige Ort an dem das Riesenrad stand, denn nirgends sonst würde man diese wunderschöne Landschaft erblicken können und dem Himmel so nah sein. Der Mann, dem das Riesenrad in dem Dorf gehörte, stieg jeden Abend wenn er alleine war in eine Kabine des

Riesenrads und wartete ab, bis er den höchsten Punkt in der Kabine erreicht hatte. Er schaute nach oben und gab Kusshände gen Himmel. Dabei sagte er immer: „Gute Nacht, meine Lieben."

Einige Jahre später, als das Riesenrad einen neuen Besitzer bekam, hatte dieser in den alten Unterlagen des Mannes einen Ausschnitt eines Zeitungsartikels gefunden mit der großen Überschrift: „Bekannter Karussellbesitzer verliert auf tragische Weise Sohn und Frau bei einem Riesenradbesuch."

Kapitel 13

Wegbegrenzungen

Ich unternahm wieder einen Spaziergang zu meinem Lieblingsplatz, der Sitzgruppe am Wildgehege, den ich in den letzten Wochen nach meinen Waldspaziergängen so oft aufgesucht hatte. „Versuche für dich einen Weg zu finden, eine Zufriedenheit für die Zukunft", sprach immer wieder eine innere Stimme zu mir. Mit meiner vergangenen Krebserkrankung werde ich nicht so schnell abschließen können, da war ich mir sicher.

Was hatte ich denn noch vom Leben zu erwarten? Warum belasteten mich Situationen in der letzten Zeit so sehr, die mich früher kaum berührten? Warum fand ich keine Möglichkeit, selbstsicher nach vorne zu schauen und einen beruflichen Neuanfang zu starten? Warum konnte ich nicht die notwendigen Schritte tun, um selbstsicherer voranzuschreiten? Ich hatte das große Bedürfnis etwas Sinnvolles zu tun und nicht zu warten, bis mich ein Rezidiv ereilte. Doch viele meiner beruflichen Möglichkeiten wurden im Keim von meinen Angstgedanken erstickt, auf Eis gelegt oder auf einen späteren Zeitpunkt in meinem Leben verschoben. Ich konnte nicht sehen, noch verstehen, wie meine Zukunft aussehen würde. Bestimmt hatte ich auch zu hohe Erwartungen, war zu ungeduldig meinen Weg durch das Erreichen eines beruflichen Ziels zu finden.

Heute weiß ich, ich hätte gelassener sein müssen. Doch wenn man nur Begrenzungen erlebt, immer und immer wieder, wächst auch irgendwann innerlich ein Widerstand gegen diese Grenzen. Dabei kostet es nicht nur eine enorme Kraft sich gegen diese unsichtbare Zukunftsangst zu stellen, sondern auch das Zusammenspiel mit den Begrenzungen. Ich spürte, dass sich immer wieder Kämpfer in mir formierten um in den Widerstand zu gehen, um sich gegen meine Angst und die daraus entstandenen Begrenzungen aufzulehnen. Ich musste einsehen, dass meine frühere Stärke von meiner Standhaftigkeit stark zu wanken begann. Es ist irgendwann Zeit das zu tun, was zu tun ist. Frei zu werden und wieder zurückzufinden zu meinem wahren Selbst. Dazu gehört „Nein" sagen zu lernen, den eigenen Willen zu spüren, den Aufstand zu proben gegen die vielen starren Regeln in der Gesellschaft. Auszubrechen aus zu engen Strukturen. Anderen nahe, und wenn auch zu nahe, treten zu müssen. Ich hatte meine

167

Grenzen ertastet und aus meinen Erfahrungen gelernt. Wusste aber natürlich noch nicht, was ich aus meinen Leben machen wollte. Ich wusste nur, dass ich lernen wollte, erfahren, eintauchen in neue Lebensmöglichkeiten, neue Gedanken finden die mich weiter führen. Vieles probieren um für mich den Weg zu finden, den ich trotz meiner vergangenen Krebserkrankung in Zukunft sicher und zufrieden gestalten kann.

An einem Vormittag war ich in einem Gemütszustand völliger Traurigkeit. Nach meiner Krebstherapie hatte ich des Öfteren mit einer Niedergeschlagenheit zu kämpfen. Auch eine immerwährende schnelle körperliche Erschöpfung, gepaart mit den Gedanken: „Heute werde ich es schaffen den Tag zu beginnen wie früher. Voller Energie und Schwung die Aufgaben im Haushalt bewältigen, das werde ich heute schaffen."

Doch kaum war ich aufgestanden, hätte ich mich auch schon wieder total müde hinlegen können. Meine energiereichste Zeit beschränkte sich auf wenige Stunden pro Tag. Diese versuchte ich für mich zu nutzen, meist durch Spaziergänge in der frischen Luft. Mein Mann und ich beschlossen, dass wir für die Zeit meiner körperlichen Beeinträchtigung eine Unterstützung für den Haushalt suchen würden. Als ich so nebenbei bei einem Termin meiner wöchentlichen Lymphdrainage für meinen rechten Arm das Problem meiner körperlichen Einschränkungen und der Suche nach einer Haushaltshilfe ansprach, teilte mir meine Physiotherapeutin mit, dass sie eine Bekannte hätte die mir bestimmt helfen würde. Das nächste Mal würde sie mir eine Kontaktadresse geben und ich erhielt für die Zeit, in der sich meine Ausdauer und Kraft sehr langsam wieder aufbauten, eine wunderbare Hilfe für den Haushalt. Bis heute haben wir einen herzlichen Kontakt.

Meine Haushaltspflichten konnte ich langsam aber mit stetiger Steigerung, unterstützt durch die wöchentliche Hilfe, erledigen. Manchmal ertappte ich mich dabei, dass ich auf die Uhr schaute, um zu prüfen, wie lange ich an einem bestimmten Tag ohne plötzliche starke Müdigkeit meine Hausarbeit erledigen konnte. Hatte ich mir zu viel zugemutet, signalisierte mir mein Körper durch eine plötzlich auftretende starke Übelkeit: „Jetzt bitte nicht übertreiben, Pause einlegen!" Eines Morgens konnte ich sogar ohne jegliche Erschöpfung die Tageszeitung lesen. Mir fiel dabei ein Artikel ins Auge: „Wir suchen Unterstützung für das Kosmetikseminar krebskranker Frauen." Damals, nach meinem dritten

Chemozyklus, fielen alle meine Haare aus. Bis auf das Kopfhaar, dem kam ich zuvor. Keine Augenbrauen und Wimpern im Gesicht, an meinem ganzen Körper befand sich überhaupt nichts mehr, was in irgendeiner Form einem Haar entsprach. Zu dieser Zeit konnte ich mein Gesicht mit den passenden Kosmetikprodukten und einigen Tricks wieder selbst herstellen.

Ich fand eine pflegende Gesichtscreme, eine gute Grundierung, Rouge, das mir eine gesunde Gesichtsfarbe verlieh und einen Lippenstift. Ich wusste was zu beachten war um ein Gesicht, gezeichnet von einer Chemotherapie, optisch positiv zu verändern. Hatte ich dies doch selbst wochenlang fast jeden Morgen an mir vollzogen, dieses andere Schminken um eine bessere Lebensqualität zu erhalten. Ich wusste wie es ging, ich wusste um was es ging, ich konnte die betroffenen Frauen verstehen.
Gute Kenntnisse in der Kosmetikbehandlung sind bei mir aufgrund früherer gezielter Fortbildungen auch vorhanden.Warum sollte ich nicht helfen? Meine tägliche Erschöpfung ist doch schon gar nicht mehr erwähnenswert. Mit meinem Fahrrad könnte ich in wenigen Minuten dort sein. Eine neue Aufgabe für mich, nach meiner Krebserkrankung, ein kleiner sinnvoller Schritt in die Zukunft?

Ich hatte diesen Artikel mit der Nachfrage auf Verstärkung für das Kosmetikseminar für Patientinnen nach Brustkrebs doch nicht gerade zufällig gelesen?

Mit offenen Armen wurde ich damals beim Krebsinformationsdienst empfangen. Sie suchten händeringend nach Unterstützung. Nur eine einzige Frau mit den Fachkenntnissen in der dekorativen Kosmetik für Patientinnen in einer, oder kurz nach einer Brustkrebstherapie, war damals im gesamten Großraum von Trier für sämtliche Kosmetikseminare zuständig.

Die Nachfrage von betroffenen Frauen an diesen Schminkseminaren war sehr hoch, doch die Kosmetikerin wollte und konnte aus privaten Gründen nicht diese honorarfreie Zeit alleine tragen. Mit einer Kollegin wollte sie sich in Zukunft die Seminare aufteilen. Dabei teilte sie mir auch mit, dass sie selbst eine betroffene Brustkrebspatientin war, dies würde aber schon etliche Jahre zurückliegen.

Kurz bevor die ersten Frauen den Raum betraten, hatten wir beschlossen, dass ich ihr hospitieren würde, sobald alle Taschen mit Kosmetikartikeln ausgeteilt wären. Der Inhalt sowie die Taschen werden immer für diese Seminare von sehr bekannten und großen Kosmetikfirmen gesponsert. Am Anfang hatte ich noch eine feste innere Überzeugung, dass ich hier für mich einen Platz gefunden hätte, um in die Zukunft zu starten und dabei sogar helfen zu können. Die vielen Frauen, gezeichnet durch eine Chemotherapie, saßen an den Tischen in diesem großen Raum, hörten der Kosmetikerin zu, was alles möglich sei um ein Gesicht während oder nach einer Chemotherapie optisch zu verändern, um ein besseres Selbstwertgefühl zu erlangen.

Aber mein Abstand zu dieser Erkrankung wurde immer geringer, weil mich diese Frauen mit Fragen regelrecht bombardierten. Als ich nahe bei einer Frau stand, um ihr Tipps beim Schminken zu geben, fragte sie mich unverrichteter Dinge einfach: „Hatten Sie das auch?" Es war eine gespenstige Stille im Raum. Jede Frau am Tisch bekam mit, was meine ehrliche Antwort war. Ich verleugnete meine vergangene Brustkrebserkrankung nicht, sondern ich sagte, dass ich auch eine Betroffene war.

Jede dieser Frauen im Raum fragte mich plötzlich etwas anderes, wie hilfesuchende Seelen, sobald ich mich in ihrer Nähe befand: „Sie sind doch noch so jung! Wie viele Chemos hatten Sie denn? Haben Sie Familie? Hatten Sie auch Bestrahlung? Wann kamen Ihre Haare wieder?" Es hörte einfach nicht auf. „Wie lange ist das her? Alle Achtung, dass Sie das hier können, ich könnte das nicht."

172

Genau bei diesem Satz von der älteren Dame wurde mir klar: Ich kann das hier auch überhaupt nicht! Es raubt mir wieder die Kraft, die ich mir monatelang mühevoll aufgebaut habe. Egal ob ich jetzt etwas Sinnvolles tun wollte für die betroffenen Frauen, es war der falsche Zeitpunkt. Es kann doch nicht sein, dass ich jetzt genau in diesem Augenblick anfange darunter zu leiden. Später sprach ich mit der Kosmetikerin über den Grund meiner Entscheidung, in naher Zukunft überhaupt keine Kosmetikseminare übernehmen zu können.

Sie bedauerte meine Entscheidung sehr. Dabei erzählte sie mir noch, dass sie keiner der betroffenen Frauen in diesen Seminaren mitteilte, auch nicht bei Nachfragen, dass auch sie einmal an Brustkrebs erkrankte.

Damit konnte sie mich allerdings nicht zum Umdenken motivieren, ich hatte mich aus einer inneren Überzeugung heraus entschieden, das dies doch nicht der richtige Weg für mich sein wird.

Bauklötze fürs Leben

Ein junger Mann entschied sich, bei seinen
Eltern auszuziehen. Aus seinem Zimmer nahm
er alles mit, was sich im Laufe der Jahre dort
angesammelt hatte.
Dabei fand er auch eine sehr große, alte
Plastiktruhe, die schon ewig in seinem
Schrank in einer dunklen, verborgenen Ecke
stand. Er schaute hinein und entdeckte eine
Vielzahl an Formen von kleinen, bunten
Bauklötzen, die bis zum oberen Rand der
großen Truhe gefüllt waren.
„Seit deinen Kindergartentagen", berichtete
seine Mutter, als er sie fragte seit wann er
diese große Truhe überhaupt besitzen würde.
Beim weiteren Räumen eines hohen Regals,
das bis zu seiner Zimmerdecke ragte, fand er
ganz verstaubt in der obersten Ablage eine
dicke Sammelmappe, auf der handschriftlich
„Die Wühlmäuse" stand.
Ihn packte die Neugierde und er schlug die
Mappe auf. Darin sah er viele Zeichenblätter,
teilweise nur gekritzelt, andere wiederum sehr
gut als Motiv erkennbar. Er hatte sie, so wie er
es empfand, vor einer Ewigkeit im

Kindergarten gemalt. Wenn er soweit sei und seine zukünftige Wohnung wäre fertig eingerichtet, würde er sich die Mappe und die Truhe nochmal in Ruhe anschauen. Bei diesem Gedanken verstaute er die Dinge in einem seiner vielen Umzugskartons.

Seine erste eigene Wohnung war von den Räumlichkeiten so großzügig aufgeteilt, dass er alles mitnehmen konnte. An Erinnerungen aus seiner Kindheit bis heute, was sich in seinem Elternhaus befand. Zum Bedauern seiner Eltern, denn er war ihr einziges Kind. Und das zog jetzt aus, um in einer anderen Stadt nach dem Studium eine feste Anstellung in einem großen Unternehmen zu beginnen.

Es vergingen Wochen in seiner ersten eigenen Wohnung aber der junge Mann hatte noch keine Zeit gefunden alle Umzugskartons zu leeren.

Bei einem Telefonat mit seiner langjährigen Freundin erfuhr er plötzlich, dass sie ihre Fernbeziehung und auch eine gemeinsame Zukunft nicht mehr in Betracht ziehen würde. Der junge Mann war am Boden zerstört. Er hatte sich immer erhofft, dass sie zu ihm ziehen würde, wenn sie irgendwann bereit dazu gewesen wäre. Er war sich so sicher, dass sie genauso eine innig verbundene Liebe in der Ferne spürte, wie er es für sie empfand. Vor nicht allzu langer Zeit hatten beide sogar von einer gemeinsamen Zukunft gesprochen und wollten ihren Traum von einem Haus verwirklichen.

Seit Wochen waren die beiden immer nur an den Sonntagen beisammen gewesen. Heute wäre wieder für ihn ein glücklicher Sonntag gewesen, er hätte sie endlich wieder am frühen Morgen am Bahnhof abgeholt und in seine Arme schließen können.

Aber an diesem Sonntag ist er seit dem frühen Vormittag alleine in seiner Wohnung. Seine Freundin wird nicht mehr kommen. Eine Traurigkeit überrollte ihn, eine bittere innere Leere stieg in ihm auf, er wollte sich am liebsten in irgendeine Ecke verkriechen, nur um diesen heutigen Tag schnell vergessen zu können.

Auch wollte er heute Niemanden von seinen neuen Bekannten in der Stadt treffen. Der junge Mann wollte nur traurig in seiner Wohnung sitzen und warten, bis der Sonntag an ihm vorbeigezogen war. Seine Gedanken drehten sich nur um die schönen Erinnerungen, die ihn mit seiner Freundin verbanden, die gemeinsamen Stunden in dieser neuen Wohnung. Und immer versuchte er irgendeinen Anhaltspunkt zu finden: Er hätte ihre Entscheidung am vergangenen Sonntag fühlen müssen, dass sie vorhatte ihn zu verlassen. Er hat es aber überhaupt nicht bemerkt.

In Gedanken versunken erblickte er seine vielen Umzugskartons, die nebeneinander in seinem großen Flur standen. Ohne zu überlegen nahm er irgendeine, stellte sie in sein großes Wohnzimmer, öffnete die Kartonlaschen und erblickte dann sofort seine Sammelmappe aus Kindergartentagen, direkt daneben die große Truhe mit den Bauklötzen.

Beim Blättern in seiner Mappe sah er auf einmal ein vorgedrucktes aber mit Holzstiften bunt ausgemaltes Bild von einem Haus. Er öffnete seine große Truhe mit den bunten Bauklötzen und begann an diesem Sonntag das Haus von seinem Blatt genau in den farblich passenden Bauklötzen nachzubauen. Dabei entschied er sich, jeden Sonntag ein anderes Motiv aus seiner Sammelmappe nachzubauen, bis die Truhe keinen einzigen Bauklotz mehr enthalten würde.

Kapitel 14

Letzte Kräfte mobilisieren

Mittlerweile habe ich wieder meinen Weg zum Sport gefunden, so wie heute, als ich wieder zum Training ging. Wo man nicht nur an Land sondern auch im Wasser Fahrrad fahren kann. Das sogenannte Aquacycling, welches in einem Stadtteil von Trier möglich ist. Dort bin ich die glücklichste Teilnehmerin, die sich von einem Übungsleiter motivieren lässt. Das Wasser im Schwimmbecken hat immer mindestens 30 Grad.

Aufgrund meiner früheren Erkrankung eines Lymphödems am rechten Arm dürfte ich mich gar nicht darin aufhalten. Aber die Tatsache, dass mir diese Sportart wahnsinnig viel Spaß bereitet, überwiegt mein striktes Verbot für einen Aufenthalt in dieser Wassertemperatur. Doch ich stelle die Lenkradhöhe vom Wasserrad immer so ein, dass sich meine Hände und Arme größtenteils über der Wasseroberfläche befinden.

Der Trainer steht immer am Beckenrand und fordert uns auf: „Kommt, jetzt nochmal 40 Sekunden eure letzten Kräfte mobilisieren!" Dann treten wieder alle Teilnehmerinnen und insbesondere ich in die Pedale des Wasserrads und geben Vollgas. Dieser junge Trainer, der mein Sohn sein könnte, sagt so etwas ohne Bedacht. Er fordert unsere Sportgruppe auf, die aus allen Altersklassen von Frauen besteht, wir sollen doch unsere letzten Kräfte mobilisieren. Meine letzte Kraft mobilisieren, meine körperliche letzte Kraft, für die schnellen Bewegungen meiner Beine unter Wasser, um die Pedale des Wasserrads schnell zu bewegen. Wenn er diese anspornenden Sätze sagt, bin ich in Gedanken direkt im Flurbereich vom Treppenhaus meines Eigenheims.

Und dabei muss ich unweigerlich daran denken wie ich vor vielen Jahren, als ich nach Abschluss der Bestrahlung und zu Beginn der täglichen Einnahme eines Hormonpräparats, plötzlich nicht mehr in der Lage war meine Beine beim morgendlichen Aufstehen zu bewegen. Das ist immer noch so präsent in meinen Gedanken, als sei es erst gestern gewesen.

Diese typischen Bewegungsgesten um sein Bett zu verlassen, anschließend die Stufen einer Treppe zu benutzen damit man in das Erdgeschoss gelangt, das war für mich eines morgens nicht mehr möglich. Meine Beine, ab den Hüften abwärts, waren plötzlich über Nacht in meinem Bett steif geworden. Ich brüllte innerlich los, das kann doch nicht sein, was geschieht jetzt gerade wieder mit mir. Gestern war ich wie immer nur wahnsinnig müde aber es gab überhaupt keine Anzeichen, dass meine Hüfte oder Beine sich irgendwie steif anfühlten. Ich versuchte irgendwie meine Beine im Bett zur Kante zu schieben. Begab mich in eine sitzende Position und versuchte mithilfe meiner Hände meine Beine nacheinander auf die Bettkante und die Füße Richtung Boden zu platzieren. Ich konnte den Fußboden gar nicht mehr klar sehen, denn es waren eine Überzahl von Tränen in meinen Augen, sie kullerten über meine Wangen, es hörte nicht auf.

Irgendwie hatte ich es doch noch geschafft, eine aufrechte Position einzunehmen, dabei konnte ich meine Beine nur langsam vorwärts in kleine Schiebebewegungen Richtung Treppenhaus bewegen.

Mein Körper hatte eine Bewegungsfunktion erreicht, als sei er plötzlich gezeichnet von lebenslanger, harter Arbeit und dazu noch ein uralter Mensch. Dabei war ich doch gerade erst Anfang 40. Als ich das Treppenhaus erreicht hatte, musste ich meine letzten Kräfte mobilisieren, um irgendwie die Stufen bis zum Erdgeschoss zu bewältigen. Hielt mich krampfhaft am Treppengeländer fest und schob ein Bein nach dem anderen Richtung

Stufenkante, um die nächste Treppenstufe wie in Zeitlupe zu erreichen. Nach einer Weile bemerkte ich im Erdgeschoss, dass meine Beinbewegungen fließender wurden, bis diese Steifheit von der Hüfte abwärts zu einem späteren Zeitpunkt an diesem Tag komplett verschwunden war.

Ich akzeptierte das nicht, jeden Morgen so aufzuwachen um mich dann so fortzubewegen. Ich suchte nach allen möglichen Salben, die in der Hausapotheke zur äußerlichen Anwendung bei Gelenk- oder Muskelschmerzen vorhanden waren. Ich mischte die Produkte untereinander, um die Eigenschaften der verschiedenen Salben vielleicht so verstärken zu können. Allerdings bekam ich dadurch starke Hautreizungen auf den eingeriebenen Stellen, das empfand ich aber als absolut nicht beunruhigend.

Momentan konnte ich keinen Arzt oder eine Apotheke aufsuchen, ich hatte einfach genug von ihnen. Es würde bestimmt wieder ein Marathon mit etlichen Untersuchungen werden, allein durch meinen Krebsbefund in der Vergangenheit.

Nein, ich konnte nicht mehr, ich hatte von den Wartezeiten, Ärzten, Diagnosen und alles, was in der Vergangenheit so plötzlich auf mich einbrach, mehr als genug. Es kann sich doch jetzt auch nicht um etwas Bösartiges handeln, redete ich mir stets ein. Mit vielen verschiedenen Salben rieb ich mich im Laufe der Zeit morgens und abends ein und hoffte, dass diese körperliche starke Einschränkung irgendwann plötzlich aufhören würde.

Und eines Morgens war es dann auch wirklich soweit. Beim aufwachen fühlte ich schon, dass meine Beine wieder vollkommen beweglich waren. Ich war einfach nur glücklich.

Nachdenkgeschichte 13

Das Treppenhaus

In einem dreigeschossigen Haus mitten in der Stadt, führte eine Treppe spiralförmig bis in das Kellergeschoss. Die jungen Leute, die auch darin wohnten, hatten sich schon daran gewöhnt immer die Treppe zu nehmen, da der Aufzug bereits seit langer Zeit außer Betrieb war. Nur die älteren Bewohner, die im obersten Stockwerk wohnten, empfanden es immer als sehr mühselig, vor allem bei ihren wöchentlichen Einkäufen, ihre gefüllten Taschen bis in ihre Wohnung zu tragen.

Auch kam noch hinzu, dass sich im Kellerbereich alle Waschmaschinen der einzelnen Wohnparteien und die dazugehörigen Trockenplätze für die Wäsche befanden. Es war für die älteren Bewohner nicht möglich, mit ihren vollen Körben benutzter Wäsche einfach den Aufzug zu benutzen, um das Kellergeschoss in kürzester Zeit zu erreichen. Sie mussten ihre Wäschekörbe durch das Treppenhaus tragen. Dabei warteten manche Bewohner solange, bis der Wäscheberg im Korb die doppelte Größe erreicht hatte. Dann hielten sie den Korb vor ihren Oberkörper und dabei verdeckte ihnen der hohe Wäscheberg so sehr die Sicht, dass es nicht möglich war, die Treppenstufen die sich vor ihnen befanden, zu erblicken. Die Bewohner mussten die gesamten Stufen des Treppenhauses vorsichtig mit ihren Schuhen ertasten, bis sie zum Kellerbereich kamen.

„Alles zu seiner Zeit", hörte man die Worte einer männlichen Stimme plötzlich durch das Treppenhaus tönen. Eine Tür knallte zu und der Mann, der eben etwas gesagt hatte, begab sich zur spiralförmigen Treppe. Dabei nahm er immer zwei Stufen auf einmal, sodass es nicht verwunderlich war, als er auf der letzten Wendung auf etwas Unförmiges traf und heftig damit zusammenstieß, da er sich nicht mehr rechtzeitig stoppen konnte.

Dieses Ungetüm, das sich als ein wandelnder Wäschestoß entpuppte, geriet ins Wanken und die gebündelte schmutzige Wäsche verteilte sich im hohen Bogen im Treppenhaus.

Als sich der Mann einigermaßen von diesem Schock erholt hatte, saß er auf der letzten Treppenstufe einer jungen Frau gegenüber. „Was fällt Ihnen eigentlich ein?", brüllte er los. „Was ist das für eine Art, als wandelnder Wäschekorb hier herumzulaufen und ahnungslosen Mitmenschen ein Bein zu stellen?" Die junge Frau zuckte ängstlich zusammen. Er polterte noch einen Ton schärfer: „Wissen Sie überhaupt, wer ich bin?" Die verängstige Frau schüttelte heftig den Kopf und stammelte verlegen „Nein aber es trifft mich wirklich keine Schuld an dem Zusammenstoß."

„Wenn Sie nicht so viel drauf gepackt hätten, wäre das nicht geschehen. Außerdem ist für solche Zwecke der Fahrstuhl da", antwortete er ihr in einem verärgerten Ton. „Es ist wirklich nicht meine Schuld", stammelte sie weiter. „Außerdem funktioniert der Fahrstuhl seit Monaten nicht mehr." Er brummte einige unverständliche Worte vor sich hin.

Auch, wenn es ihm mittlerweile sichtlich unangenehm war, wollte er ihr nicht sagen, dass er der Eigentümer dieses Hauses war. Im Grunde genommen hatte er dies selbst zu verschulden, dass es gerade eben zu diesem Zusammenstoß gekommen war.

Jahrelang hatte er nichts mehr in die Instandhaltung seines Mietshauses investiert. Wie die Leute darin wohnten, ob der Fahrstuhl funktionierte, das interessierte ihn überhaupt nicht. Hauptsache er bekam pünktlich jeden Monat seine Miete von allen Wohnparteien. Dabei musste er heute seit Ewigkeiten sein Mietshaus aufsuchen, weil ein Bewohner die Miete nicht mehr im vollen Umfang an ihn

185

überwiesen hat. Zuvor hatte er noch heruntergespielt, dass eine Mietkürzung, nur weil der Fahrstuhl defekt sei, für ihn nicht akzeptabel wäre.

„Alles zu seiner Zeit", gab er seinem Mieter an dessen Wohnungstür als Antwort auf den schon seit langem nicht mehr funktionierenden Fahrstuhl, bevor er die Tür zuknallte. Und jetzt saß er im Treppenhaus seines Mietshauses, inmitten schmutziger Wäsche.

Abschlusskapitel

Mein Leben

Und heute, wie schaue ich nach meiner Brustkrebs Diagnose vor zwölf Jahren auf das Leben?

Zum einen bin ich von tiefstem Herzen dankbar, dass mir mein Mann, meine Töchter und meine Mutter in Zeiten von Zukunftsängsten, aus denen ich nicht alleine herausfand, immer wieder eine unvorstellbare Kraft und Stütze verliehen haben.

Zum anderen bin ich dankbar für meine Freunde, die auch in der Zeit meiner Krebserkrankung mit einer einzigartigen Hingabe für mich da waren. Sie besitzen die Kunst und die besondere Fähigkeit, mir mit ganzem Herzen zuhören zu können. Sie, die auch in der Lage sind, sich mit dem Gegenüber zu unterhalten, ihm in die Augen zu schauen, dabei aufmerksam, ernsthaft und sensibel zuzuhören. Das ist eine tiefe Bereicherung in einer Situation, die einen erschüttert, doch die einem auch eine enorme Kraft im Laufe der Zeit vermitteln kann. Gerade dann, wenn das eigene Leben sich drastisch verändert hat. Ein Gegenüber, der nicht nur mit Verstand sondern auch mit Verständnis da ist. Auch das hören kann, was man überhaupt nicht genau aussprechen kann, weil man in dieser starren Angst nur schwer die richtigen Worte findet. Der einen in den Arm nimmt, wenn er fühlt, dass dieser Moment jemandem Halt vermitteln kann.

Das sind auch tiefe Begegnungen mit Freunden und besondere Gespräche. Nicht nur die eigene Familie, die einen immerwährend stützt, sondern auch die Freunde, mit denen man sonst vor der eigenen lebensbedrohlichen Erkrankung doch nur heitere Stunden im bisherigem Leben zusammen verbracht hatte.

Sie sind plötzlich da, wenn man nicht mehr mit einer Leichtigkeit durch das Leben gehen kann. Dich in einer Lebenssituation an die Hand nehmen und versuchen, mit dir diesen verdammt hohen, mächtigen Berg, der komplett mit dieser Angst „Diagnose Krebs" bedruckt war, Stück für Stück zu besteigen. Ich bin stolz darauf, dass ich euch meine Freunde nennen darf. Ihr seid etwas Besonderes, wahre Freunde, etwas, das nicht jeder Mensch in seinem Leben erfahren darf.

DANKE, dass es euch für mich gibt.

Diese Jahre haben mich gelehrt wie wichtig es ist, niemals aufzugeben und immer an sich zu glauben. Das man immer das beachten soll, was man in seinem Inneren fühlt und was einen belastet loszulassen. Erkennen, dass es nur eine unbekannte Zukunft gibt und das es dies zu respektieren gilt. Dabei wird einem bewusst, das eigene Leben als ein sehr wertvolles Geschenk zu empfinden.

Sich von den Gedankenmustern zu befreien, dass wir uns in einer Leistungsgesellschaft befinden, in der es doch nur bedeutet: „Haste was – biste was".

Dieses Materielle, das einen erblinden lässt. In diesen oberflächlichen Gedanken durch das Leben zu gehen. Ich sehe sie und ihren Druck, immer weiter, besser und schneller zu werden. Dabei war weder meine Familie noch ich jemals einer von ihnen.

Bis heute habe ich diese Achtsamkeit für mich und meine Mitmenschen entwickelt, die mich immer wieder aufhorchen lässt. Ihre Suche nach Erfüllung in den Dingen, die am Ende doch nicht den erhofften Erfolg versprechen. Ich sehe sie, bei ihrer immerwährenden Suche, kann sie auch bis zu einem gewissen Punkt verstehen aber im Grunde genommen haben sie den eigentlichen Sinn im Leben nicht verstanden.

Weder kann ich sie genau verstehen, noch werde ich sie verurteilen. Denn wenn ich eines auch aus dieser Krebserkrankung gelernt habe, dann dass es die schönen tieferen Dinge im Leben sind, die einen bereichern können. Die überhaupt nichts mit der Fülle von Materiellem zu tun haben, sondern allein in dem gerade Sein, in dem Hier und Jetzt, das eigentlich Schöne zu sehen. Eine sehr sensible Wahrnehmung, die ich im Grunde genommen meinem Schicksalsschlag zu verdanken habe.

Menschen in der Stadt zu beobachten, über welche Dinge sie sich unterhalten. Ihre Körperhaltung, ihre Gesten, in welcher Stimmlage ein Gespräch stattfindet. Eine faszinierende Umgebung umgibt mich, um von meinen Mitmenschen zu lernen. Dabei stelle ich bei Begegnungen mit Frauen in der Stadt die eine Perücke tragen immer wieder fest, dass sie einen Blick voller Traurigkeit haben.
Am liebsten würde ich ihnen mit Verständnis gegenüberstehen und von meinen überaus vielen Erfahrungen aus dieser Zeit berichten. Sie beruhigen und zu helfen, über ihre Ängste zu sprechen. Dabei in sensibler Weise die Worte wählen, die ihnen Mut auf Hoffnung machen, innerlich bei ihnen eine Stärke hinterlassen.
Aber sofort kommen Zweifel in mir hoch: Wie würden sie reagieren, wenn ich so etwas tun würde? Wie war das damals bei mir? Wäre es für mich möglich gewesen, solche beruhigenden Worte von einer wildfremden Frau, die nach ihrer eigenen Aussage eine Brustkrebserkrankung überstanden hatte, überhaupt anzunehmen? Bei der man optisch auf eine Krebserkrankung überhaupt nicht schließen kann, da weder Perücke, noch sonst etwas ihr kahles Haupt schützt.

Welche Frau geht in der Stadt durch die Fußgängerzone und hatte in der Vergangenheit die Erfahrungen einer Brustkrebstherapie durchlebt? Welche Prozentzahl gibt es? Wie hoch ist die Wahrscheinlichkeit, wenn laut einer Statistik jede zehnte Frau in ihrem Leben an Brustkrebs erkrankt, dass sie sich in der Innenstadt von Trier aufhält?

Wobei ich jetzt nicht unterscheide ob es eine Einwohnerin aus der Stadt oder aus dem Umland betrifft. Oder ob es sich um eine Urlauberin handelt, die sich gerade in Trier aufhält. Irgendwann werde ich eine betroffene Frau ansprechen, wenn ich spüre, dass ich von einer festen inneren Überzeugung heraus handeln werde. Bis dahin werde ich warten und das Leben mit all seinen Facetten aufsaugen.
Ich wünsche Ihnen von Herzen eine glückliche Zukunft.

Ihre

Mathilda

„Jeder geht mit einer Erfahrung anders um."

Mathilda Sebertz über ihre Idee und Zukunft in der Welt der Buchveröffentlichung.

„Bitte einen Cappuccino und ein belegtes Brötchen." Das muss reichen, um bis zum Mittag über diese Messe zu kommen. Mathilda Sebertz ist vor ein paar Minuten an diesem frühen Vormittag in einem Café nahe des Messegeländes in Düsseldorf eingetroffen. Dort findet gerade eine Friseurfachmesse statt. Über zwei Tage wird sie sich dort über die Neuigkeiten in der Friseurbranche informieren, doch Zeit für ein ausführliches Gespräch findet sie allemal. Zumal sie sich riesig freut, als Anfängerin auf dem Gebiet der Autoren in ein Interview mit eingebunden zu werden.

Mathilda, ein Blick in die Vergangenheit damals, vor deiner Diagnose: Hätte jetzt eine andere Persönlichkeit vor mir gesessen?
Das kann ich so spontan nicht beantworten aber bestimmt eine mehr, die in diesem Fluss von einem unbefangenen Leben ist. Ich bin doch ein sehr nachdenklicher Mensch geworden.

Wann hattest du erstmals die Idee, ein Buch über deine Brustkrebserkrankung zu schreiben?
Das liegt schon eine ganze Weile zurück, es schwirrten immer diese ganzen Erlebnisse in

meinem Kopf herum, die ich während meiner Krebserkrankung erlebt hatte. Bis ich auf die Idee kam sie niederzuschreiben, verging doch noch eine Weile.

Viele der Betroffenen, die über ihren Brustkrebs ein Buch herausbrachten, taten dies überwiegend in den ersten Jahren ihrer Erkrankung. Interessant bei dir, dass es viel länger zurückliegt. Es gab für mich andere Dinge die Priorität hatten, die Lebenssituation ist halt bei jedem anders. Ich brauchte von meiner Diagnose bis heute zwölf Jahre, doch dadurch kann man dem Leser auch besser vermitteln, dass ich dieses Buch nicht schrieb um meine Krankheit zu bewältigen.

Wenn es nicht das ist, wie kam es dann zu diesem Entschluss deine Gedanken niederzuschreiben? In meinem Kopf ist plötzlich eine Vorstellung, etwas bestimmtes zu tun, fast schon tun zu müssen. Neue Wege meiner Kreativität zu testen, das steht dann bei mir im Vordergrund. Ich finde das sehr spannend. Ich liebe diese Herausforderung. Der Gedanke für ein Buchprojekt fesselte mich plötzlich. Das Schreiben ist plötzlich etwas faszinierendes, kreatives für mich geworden. Dabei bin ich überwältigt von der Möglichkeit, beim Schreiben meine Gedanken in Wörter zu fassen und weiter in fließende Sätze zu wandeln.

Sind deine Denkmuster in Verbindung mit deiner vergangenen Erkrankung zu bringen oder waren diese schon früher in dir verankert?

Wenn ich so darüber nachdenke, würde ich sagen, dass das Ausleben meiner Kreativität vollkommen vorhanden war vor meiner Erkrankung. Jedoch sehr stark begrenzt während meiner Erkrankung, doch und nach und nach ist sie wieder zurückgekommen. Viele kreative Projekte im großen und im kleinen Rahmen hatte ich schon im Laufe meines Lebens aber das Schreiben war nie dabei. Für mich eine ganz neue Erfahrung in einer unvorstellbaren Dimension, fantastisch.

Deine Erlebnisse die du in deinem Buch beschreibst, sind das alle die du während deiner Krebserkrankung erlebt hast?

Nein, es fehlen noch einige, darunter auch der Aufenthalt in Homburg. Es lag der Verdacht nahe, ich sei an Leberkrebs erkrankt. Das war kurz nach der Chemotherapie bei einer Kontrolluntersuchung.

Bedeutet dies, es wird ein zweites Buch von weiteren Erlebnissen in dieser Zeit von dir geben?

Nein, nicht mehr in dieser Form.

Viele Autoren berichten, dass sie Rituale haben, wie zum Beispiel einen kleinen Gegenstand auf dem Schreibtisch, der sie immer wieder an den

Sachverhalt ihres Buches erinnern soll. Hattest du auch irgendetwas in dieser Richtung?

Ja, meine Katze. Sie lag komischerweise immer neben mir, wenn ich besonders emotionale Kapitel schrieb. Als wenn sie es spüren würde und mich irgendwie mit ihrem Schnurren beruhigen wollte.

Wenn dich jemand fragen sollte ob du dich als Autorin bezeichnen würdest, was würdest du demjenigen antworten?

Ich glaube davon bin ich noch weit entfernt. Aber Übung macht ja bekanntlich den Meister.

Würdest du dein Buch nur Leserinnen empfehlen?

Nein, ich finde auch die männliche Leserschaft könnte dieses sensible Thema interessieren. Es kommt auf den Typ Mann an.

Viele Personen, die Bücher schreiben, erzählen, dass sie ihre Leidenschaft für das Schreiben schon in jungen Jahren entdeckt haben, manche erst später. Wo würdest du dich einordnen?

Ich habe früher auch gerne geschrieben, aber nur in der Schule. Ob das ein Grundstein war, kann ich nicht beurteilen. Ich finde es aber faszinierend was alles in einem steckt, wenn man das Kreative an die Oberfläche lockt.

Du übst deinen Beruf als selbstständige Friseurmeisterin aus. Wie hast du es geschafft neben deinem Beruf dieses Buch zu schreiben?
Wenn ich etwas wirklich möchte, finde ich auch die Zeit dazu.

Die Nachdenkgeschichten zwischen den Kapiteln sind eine ungewöhnliche Erzählform. Wie kam diese Idee?
Bücher über dieses Thema sollen fordern. Das wollte ich mit diesen Nachdenkgeschichten vertiefen.

Es wird vielleicht den ein oder anderen Kritiker geben, der den Inhalt oder deine Schreibweise als negativ bewerten wird Kannst du mir jetzt schon darauf eine Antwort geben, wie du damit umgehen wirst?
Ich lerne daraus. Wogegen ich aber abwäge von welcher Person diese Kritik kommt. Es sind meine ersten Gehversuche in der Welt der Bücher. Und ich hätte nie gedacht, was da noch alles so dranhängt.

Hattest du Bücher zu diesem Thema in der Zeit deiner Krebserkrankung gelesen?
Ja, ich bekam eines geschenkt aber mich störte dabei, dass nur die Situation der an Brustkrebs erkrankten Frau beschrieben wurde. Keine Ansätze, die mich irgendwie weiterbrachten. Ich konnte damals nur über ein weiteres Schicksal lesen und das Hadern auf vielen Gebieten. Oder auch ein Buch

über „Tu dies", „Lass das" oder: „Deshalb gibt es Krebs", ich fand dies regelrecht anmaßend. Das ist doch so, wie wenn man noch zusätzlich mit einer Keule draufhauen würde.

In deinem Buch handelt ein Kapitel über ein therapeutisches Pilotprojekt in der Klinik. Fandest du dort die Antworten für dich, die es in den Büchern nicht gab?
Leider nicht. Ich musste erkennen, dass ich meinen eigenen Weg finden musste um zu lernen, damit umzugehen.

War diese Erfahrung der ausschlaggebende Punkt um dein Buch zu schreiben?
Jeder geht mit dieser Lebenserfahrung anders um. Das wollte ich dem Leser auch mitteilen. Und wenn ich dabei irgendeinem Leser vermitteln kann, was in einer Krebspatientin vorgeht, was sie fühlt und durchlebt, dann habe ich doch einen wichtigen Teil dazu beigetragen, dass wenn der Leser oder die Leserin in solch eine Situation, oder ähnliche, kommen sollte, sie diese besser verstehen können. Aber wie gesagt, jeder ist anders, einzigartig.

Literaturhinweise

Charakter und Bestimmung
James Hillman, W. Goldmann Verlag
Eine Entdeckungsreise zum individuellen Sinn des
Lebens

Emotionale Alchemie
Tara Bennett Goleman Krüger Verlag
Für das Licht der Weisheit in jedem Menschen

Sei glücklich, du schaffst es
Annemarie Trixner, F. A. Herbig
Verlagsbuchhandlung GmbH
Die Aufforderung für „Gib deinem Leben neuen
Schwung."

Herstellung und Verlag: BoD- Books on Demand, Nordestedt